Dr. Wolfgang We

Wer ist eigentlich Ludwig van Beethoven?

Leben
Werk
Wirkung

Alles Digitale zu diesem Buch kann auf der Lernplattform **allango** von Ernst Klett Sprachen abgerufen werden. So geht's:

QR-Code scannen oder **www.allango.net** aufrufen | Buchtitel oder ISBN in der Suche eingeben und auf das Buchcover klicken | Zum Inhalt navigieren, direkt abrufen oder speichern

Dieses Symbol bedeutet, dass zu einem Buch-Abschnitt ein digitaler Inhalt verfügbar ist: **Lösungen zu den Übungen, die Lieder von Beethoven zum Anhören.**

Ernst Klett Sprachen
Stuttgart

Hinweis zur Aktualität:
Die Inhalte dieses Buches wurden sorgfältig recherchiert und decken den Zeitraum bis zum Redaktionsschluss Mitte 2023 ab.

1. Auflage 2 | 2025

Alle Drucke dieser Auflage sind unverändert und können im Unterricht nebeneinander verwendet werden.
Die letzte Zahl bezeichnet das Jahr des Druckes.
www.klett-sprachen.de

Autor: Dr. Wolfgang Wegner
Redaktion: Claudia Weichselfelder
Reihenkonzept: Benjamin Linhart
Layoutkonzeption: Sabine Kaufmann
Satz: DOPPELPUNKT, Stuttgart
Umschlaggestaltung: Sabine Kaufmann
Titelbild: Getty Images (GeorgiosArt)
Druck und Bindung: Elanders Waiblingen GmbH, Waiblingen

Printed in Germany
ISBN 978-3-12-674226-9

Inhalt

Ludwig van Beethoven

Kindheit mit Musik

Ludwig van Beethoven wird wahrscheinlich am 16. Dezember 1770 in der Bonngasse 515 in Bonn geboren. Heute ist dort das Museum „Beethoven-Haus Bonn". Das genaue Geburtsdatum von Beethoven kennt man nicht, weil es dafür keinen schriftlichen Beweis gibt. Sicher ist aber, dass er am 17. Dezember 1770 getauft[1] wird.

Beethovens Geburtshaus in Bonn

Beethovens Familie stammt aus dem heutigen Belgien. Der Name Beethoven kommt aus der flämischen Sprache[2]. Beethovens Großvater, der ebenfalls Ludwig van Beethoven (1712–1773) heißt, ist Sänger. Er zieht von seiner Heimat nach Bonn im heutigen Nordrhein-Westfalen und wird am Hof des Kurfürsten[3] Maximilian Friedrich als Sänger angestellt. Später bekommt er die Stelle als Hofkapellmeister[4]. Er ist ein Mann, der genau weiß, was er will.

Beethovens Vater Johann van Beethoven (1739/40–1752) bekommt ebenfalls eine musikalische Ausbildung und wird Sänger in der Hofkapelle. Doch Johann Beethoven hat einen schwachen Charakter[5] und hat kein großes musikalisches Talent. Deshalb wird

[1]**taufen:** Zeremonie mit Wasser (= **die Taufe**) durchführen, bei der oft Babys in die christliche Kirche aufgenommen werden
[2]**die flämische Sprache** (auch: **das Flämisch**): Sprache in Belgien; belgisches Niederländisch
[3]**der Kurfürst / die Kurfürstin:** ein sehr hoher Fürst (= Person, die Macht über ein Land hat, aber nicht gewählt wird) im Königreich
[4]**der Hofkapellmeister:** Leiter des Orchesters am Hof eines Königs oder Fürsten
[5]**der Charakter:** alle Eigenschaften einer Person, die ihr Verhalten bestimmen

Der Großvater Ludwig van Beethoven

für den jungen Beethoven der Großvater zu einem wichtigen Vorbild[6]. Beethovens Mutter Maria Magdalena van Beethoven (1746–1787), geborene Keverich, bringt insgesamt sieben Kinder auf die Welt. Doch nur drei von ihnen überleben: Beethoven selbst und seine zwei Brüder.

Als der Großvater stirbt, verliert Beethovens Vater Johann die Orientierung und wird abhängig vom Alkohol. Trotzdem unterrichtet er seinen Sohn am Klavier und an der Violine. Damals ist es üblich, dass ein Musiker sowohl ein Streich-[7] als auch ein Tasteninstrument[8] lernt.

In diesem Haus in der Rheingasse in Bonn wohnt Beethoven als Kind.

Schon bald hält sich Beethoven nicht immer an die Noten, sondern improvisiert[9]. Das gefällt seinem Vater überhaupt nicht. Der möchte, dass sein Sohn nur nach den Noten spielt, die er ihm gibt. Vor allem soll Beethoven intensiv üben, denn Johann van Beethoven will seinen Sohn zu einem Wunderkind[10] machen und mit ihm Geld verdienen.

1775 zieht die Familie in ein Haus in der Rheingasse 934 di-

[6]**das Vorbild:** Beispiel, an dem man sich orientiert (z. B. eine Person)
[7]**das Streichinstrument:** Saiteninstrument; Musikinstrument mit Saiten zum Streichen (z. B. Geige, Bratsche, Cello)
[8]**das Tasteninstrument:** Musikinstrument mit Tasten (z. B. Klavier, Flügel, Orgel)
[9]**improvisieren:** Melodien erfinden, während man ein Instrument spielt
[10]**das Wunderkind:** Kind, das besondere Talente hat und dadurch bekannt wird

Beethoven als Kind am Flügel

rekt am Fluss. Im März 1778 hat der 8-jährige Beethoven in Köln seinen ersten öffentlichen Auftritt als klavierspielendes Wunderkind. Auf einer Werbung wird er sogar jünger gemacht und Johann van Beethovens „Söhnchen von 6 Jahren" genannt.

1781 muss Beethoven die Schule verlassen, weil sich sein Vater nicht für die Bildung seines Sohnes interessiert. Deshalb kann der junge Beethoven im Fach Mathematik nur einfache Aufgaben rechnen. Außerdem ist seine Rechtschreibung schlecht. Zuhause kümmert sich niemand um ihn, sodass der Junge arm und schmutzig aussieht.

Beethoven als Kind vor dem Fenster im Zimmer unter dem Dach

Schon damals beginnt Beethoven, lieber allein und nicht mit anderen Menschen zusammen zu sein. Oft steht er einsam am Fenster im Zimmer unter dem Dach und schaut auf das Gebirge auf der anderen Seite des Rheins, dem großen Fluss in Bonn.

Doch Beethovens musikalisches Talent und die Begeisterung für die Musik sind so groß, dass er 1782 sein erstes selbst komponiertes[11] Stück[12] für Klavier veröffentlicht.

[11]**komponieren:** wenn eine Person (= **der Komponist / die Komponistin**) aus Noten ein Musikstück macht
[12]**das Stück** (auch: **das Musikstück**)**:** Lied

Eine Orgel

Eine wichtige Person für Beethovens Ausbildung wird der Dirigent[13] und Hoforganist[14] Christian Gottlob Neefe, der ihn ab 1781 unterrichtet. Neefe erkennt und fördert Beethovens Talent. Bald darf der Schüler seinen Lehrer Neefe an der Orgel des Hoftheaters in Bonn vertreten. 1784 wird Beethoven schließlich zweiter Hoforganist. Er ist damals erst 14 Jahre alt.

Frühe Verantwortung

Kurfürst Maximilian Franz wird auf das junge Talent im Orchester seines Hoftheaters aufmerksam. Er schickt Beethoven 1787 nach Wien. In der damaligen Hauptstadt der Musik soll er sein Talent am Klavier zeigen und den berühmten Musiker und Komponisten Wolfgang Amadeus Mozart (1756–1791) kennenlernen. Zwischen Januar und April 1787 hält sich Beethoven einige Wochen in Wien auf. Er besucht Mozart in seiner Wohnung in der Schulerstraße. Mozart ist knapp 15 Jahre älter als Beethoven und arbeitet gerade an

Wolfgang Amadeus Mozart

[13]**der Dirigent / die Dirigentin:** Person, die die Aufführung eines Musikstücks (z.B. durch ein Orchester) leitet (= **dirigieren**)
[14]**der Organist / die Organistin:** Person, die eine Orgel spielt

Beethoven spielt vor Wolfgang Amadeus Mozart

seiner Oper „Don Giovanni". Der 16-jährige Beethoven aus Bonn spielt vor dem Star[15] der Wiener Musikwelt auf dem Klavier. Man geht heute davon aus, dass dieses eine Treffen wirklich stattgefunden hat. Aber man weiß nicht viel über die Begegnung der beiden Musiker: Welches Stück spielt Beethoven damals? Wie reagiert Mozart darauf?

Auf der Rückreise nach Bonn, die ungefähr zehn Tage dauert, erfährt Beethoven, dass seine Mutter Maria Magdalena schwer krank ist. Sie stirbt am 17. Juli 1787. Das verändert viel in Beethovens Leben. Der 17-Jährige wird für seinen alkoholkranken Vater und die beiden jüngeren Brüder Kaspar Karl und Nikolaus Johann verantwortlich.

Beethoven als Jugendlicher

[15] **der Star:** englisch für: Stern; hier: berühmter Künstler

Der Vater verliert immer mehr die Kontrolle. Beethoven muss sich sogar bei der Polizei dafür einsetzen, dass sein Vater nicht in ein Gefängnis gebracht wird. Diese Zeit, in der Beethoven so viel Verantwortung trägt, hat großen Einfluss auf die Entwicklung des jungen Mannes. Er wird wie schon sein Großvater zu einer Persönlichkeit[16], die sehr hart arbeitet, um ihre Ziele zu erreichen.

Eine Bratsche

Im Alter von 19 Jahren bekommt Beethoven eine Stelle als Bratschist[17] in der Hofkapelle und in der neuen Bonner Hofoper. Außerdem wird er als Pianist[18] gern für Konzerte angestellt. Dadurch verdient Beethoven gut und er kann die Familie ernähren.

Helene von Breuning

Durch einen Freund lernt Beethoven Helene von Breuning kennen. Sie nimmt ihn wie einen Sohn in ihre Familie auf und sorgt für ihn. Später nennt man sie deshalb sogar „zweite Mutter" Beethovens. Ihre Kinder bekommen Klavierunterricht bei Beethoven. Er erlebt glückliche Stunden im Haus von Familie Breuning. Die drei Söhne werden seine Freunde und er verliebt sich in Eleonore, die Tochter.

In den Jahren bis 1792 entstehen viele Werke[19] aus der Jugendzeit Beethovens. 1792 begegnet er zweimal dem österreichischen

[16]**die Persönlichkeit:** Person, Charakter
[17]**der Bratschist / die Bratschistin:** Person, die eine Bratsche spielt
[18]**der Pianist / die Pianistin:** Person, die beruflich Klavier spielt
[19]**das Werk:** hier: ein Musikstück

Komponisten Joseph Haydn (1732–1809). Der hat eine Einladung nach London, um dort seine Werke aufzuführen. Auf der Hin- und Rückreise macht er jeweils Station in Bonn.
Haydn ist von dem jungen Beethoven begeistert und nimmt ihn deshalb als Schüler an. Kurfürst Maximilian Franz verspricht, die Kosten für den Unterricht bei Haydn in Wien zu bezahlen.

Joseph Haydn

Die Anfänge in Wien

Ende 1792 kommt der 23-jährige Beethoven nach Wien. Wer ihn sieht, beachtet den kleinen Mann mit unpassender Kleidung, der nicht besonders auffällt, kaum. Doch das ändert sich bald.
Beethoven hat Bonn gerade noch rechtzeitig verlassen, denn französische Soldaten[20] sind auf dem Weg an den Rhein. Nach der

Hoher Markt in Wien (1793)

[20]**der Soldat / die Soldatin:** Person, die z.B. in einem Krieg für ihr Land kämpft

Revolution[21] in Frankreich wollen sie den Gedanken, dass alle Menschen frei und gleich sind, über Frankreich hinaus auch in die deutschen Länder bringen.
Beethoven bezieht in Wien seine erste Wohnung in der Alsergasse 45. Sie liegt direkt unter dem Dach. Zunächst gibt er Klavierunterricht für adlige[22] junge Damen. Doch er findet bald erste Gönner[23], die ihm seine Arbeit und kreative Freiheit möglich machen. Zu ihnen gehört der Fürst Karl Lichnowsky. Er ist in dieser Zeit eine wichtige Person in Wien. Er fördert Musiker und veranstaltet Konzerte. Beethoven komponiert Stücke für den Fürsten. Als kein Geld mehr aus Bonn kommt, weil der Kurfürst von den Franzosen abgesetzt[24] wurde, übernimmt Lichnowsky die komplette finanzielle Unterstützung. Beethoven zieht sogar in Lichnowskys große Stadtwohnung.
Bald weiß jeder, dass sich ein talentierter Pianist und Komponist in der Stadt aufhält. Die jungen Wiener Adligen beginnen, den Mann aus Bonn zu bewundern[25]. Beethoven findet weitere Geld- und Auftraggeber, für die er komponiert und private Konzerte gibt. Der Fürst Franz von Lobkowitz stellt ihm sogar sein privates Orchester zur Verfügung. Im Sommer kann Beethoven auf den Landgütern[26] seiner adligen Freunde und Gönner wohnen und arbeiten.
Allerdings gibt es bei diesen Freundschaften auch Probleme. Beethoven mag es nicht, wenn seine Kunst nur als Unterhaltung gesehen wird oder als eine Dienstleistung[27], die man von ihm fordern kann. Immer wieder gibt es unangenehme Situationen. Eine von ihnen ist berühmt geworden: Als sich Beethoven bei

[21]**die Revolution:** Aktion einer Gruppe von Personen, die eventuell auch mit Gewalt die Macht in einem Staat bekommt oder bekommen möchte; hier: Französische Revolution (1789–1799)
[22]**adlig:** zu einer Gruppe (= **der Adel**) in der Gesellschaft gehören, die damals besondere Rechte hatte, mehr als die Gruppe der Bürger / Bürgerinnen
[23]**der Gönner / die Gönnerin:** Person, die anderen bei der Karriere finanziell hilft
[24]**absetzen:** eine Person gegen ihren Willen aus dem Amt entlassen
[25]**bewundern (die Bewunderung):** eine Person / Eigenschaft sehr gut finden
[26]**das Landgut:** Häuser / große Grundstücke außerhalb der Stadt
[27]**die Dienstleistung:** berufliche Tätigkeit, bei der man einen Dienst für andere Personen oder Firmen anbietet

einem Konzert durch Menschen im Publikum gestört fühlt, schließt er laut den Deckel[28] des Klaviers und ruft: „Für solche Schweine spiele ich nicht!"

Am 29. März 1795 hat Beethoven seinen ersten öffentlichen Auftritt im Hoftheater „nächst der Burg", das heute als Burgtheater bekannt ist. Fast zwölf öffentliche Konzerte folgen in den nächsten drei Jahren. Die Art, wie Beethoven Klavier spielt, begeistert das Publikum und oft erzeugt[29] er mit seinen Melodien[30] starke Gefühle und sogar Tränen. Auch in solchen Situationen zeigt sich Beethovens besonderer Charakter. Nachdem er ein Stück zu Ende gespielt hat, muss er darüber lachen, dass das Publikum Tränen in den Augen hat.

Wiener Burgtheater

Vom Unterricht bei Joseph Haydn ist Beethoven schnell enttäuscht. Er wirft dem berühmten Komponisten vor, nicht genug Zeit für ihn zu haben. Er trennt sich von Haydn. Dann nimmt er Unterricht bei anderen Musikern, zum Beispiel bei Antonio Salieri (1750–1825), dem großen Konkurrenten von Mozart. Damals gibt es ungefähr 300 Pianisten in Wien. Auch Beethoven spürt die Konkurrenz. Bei öffentlichen Konzerten wollen sie feststellen, wer von ihnen der Beste ist.

Beethoven

[28]**der Deckel:** damit schließt man etwas (z. B. eine Schüssel; hier: ein Klavier)
[29]**erzeugen:** machen, dass etwas / eine Reaktion passiert
[30]**die Melodie:** eine Folge von musikalischen Tönen; Lied, Musik

Beethovens Brüder, um die er sich früher gekümmert hat, führen jetzt ein selbstständiges Leben. Beide kommen ebenfalls Mitte der 1790er-Jahre nach Wien. Nikolaus Johann wird Apotheker. Kaspar Karl arbeitet zuerst als Klavierlehrer, dann als Beamter. Außerdem übernimmt er Aufgaben als Sekretär für seinen Bruder Ludwig. Das Verhältnis von Beethoven zu seinen Brüdern ist nicht immer gut. Oft gibt es Streit.

Erfolge und Liebeskummer[31]

In den ersten zehn Jahren in Wien läuft es mit Beethovens Karriere gut. Er hat einen Erfolg nach dem anderen. Der junge Komponist genießt die finanzielle Freiheit und ist mit seinen künstlerischen Leistungen zufrieden. Er wirkt froh und motiviert.

Nur in der Liebe hat Beethoven kein Glück. 1795 macht er der Sängerin Magdalena Willmann einen Heiratsantrag[32]. Doch sie lehnt ihn ab und nennt Beethoven „hässlich und halb verrückt".

Solche negativen Erlebnisse führen dazu, dass Beethoven besonders intensiv arbeitet. Dabei hilft ihm ein streng geregelter Tag. Er steht morgens um sechs Uhr auf. Nach einem kurzen Frühstück setzt er sich an seinen Schreibtisch oder das Klavier und komponiert. Ab neun Uhr verlässt Beethoven das Haus und macht einen kleinen Spaziergang. Danach schreibt er Briefe an Verleger[33] und mögliche Auftraggeber. Er verdient sein Geld durch Konzerte, Aufträge für Kompositionen und Verkäufe der Noten, die von speziellen Verlagen gedruckt werden.

Schreibtisch von Beethoven

[31] **der Liebeskummer:** wenn man wegen der Liebe leidet / traurig ist
[32] **der Heiratsantrag:** wenn eine Person fragt: „Willst du mich heiraten?"
[33] **der Verleger / die Verlegerin:** Person, die bei einem Verlag arbeitet und z. B. Bücher oder Noten herstellt, um sie zu verkaufen

Zum Mittagessen um zwölf Uhr empfängt Beethoven oft Gäste in seiner Wohnung. Danach geht er in ein Kaffeehaus. Kaffeehäuser gibt es viele in Wien. Am Nachmittag, meist um 16 Uhr, folgt ein langer Spaziergang. Dabei kommen ihm häufig Ideen, die er sofort in einem Skizzenbuch (siehe S.36) aufschreibt. Abends sitzt Beethoven schließlich entweder mit Freunden zusammen oder er besucht ein Konzert.

1799 kommt eine neue Liebe in sein Leben, die ihn lange beschäftigen wird. Beethoven lernt die Schwestern Therese und Josephine Brunsvik kennen. Sie sind mit ihrer Mutter in Wien, um Verwandte zu besuchen. Beethoven gibt den jungen Frauen Klavierunterricht. Es entwickelt sich eine Freundschaft mit der ganzen Familie, auch mit dem Bruder Franz. Beethoven verliebt sich in Josephine, doch er muss erkennen, dass eine ernsthafte Beziehung unmöglich ist: Denn die junge Dame ist adlig, er selbst nicht. Außerdem hat Josephines Mutter bereits konkrete Pläne, wen sie heiraten soll.

Josephine Brunsvik

Mitten in der ersten Phase voller künstlerischer Erfolge bemerkt Beethoven 1796 zum ersten Mal, dass er nicht mehr so gut hören kann.

Die „heroische[34] Phase"

Die Jahre zwischen 1800 und 1812 werden in der Musikforschung Beethovens „heroische Phase" genannt. In dieser Zeit entstehen

[34]**heroisch:** Zustand, bei dem man sich wie ein kräftiger, mutiger Held oder eine Heldin fühlt und für etwas kämpfen will

viele wichtige Werke. Sie stehen für Kraft, Begeisterung und den Kampf für die Freiheit des einzelnen Menschen.
In dieser Zeit nimmt Beethovens Schwerhörigkeit[35] zu. Der Komponist leidet darunter, nicht mehr klar und deutlich hören zu können. Er geht zu verschiedenen Ärzten, doch nur einer macht ihm wieder Hoffnung. Professor Johann Adam Schmidt, der eigentlich Chirurg und Augenarzt ist, glaubt, dass Beethoven noch lange nicht gehörlos[36] sein wird.
Es gibt einen weiteren Grund dafür, dass sich Beethovens Stimmung wieder verbessert: Er verliebt sich in seine 16-jährige Klavierschülerin Giulietta Guicciardi. Seine Gefühle sind sehr groß. Er kann sich zum ersten Mal vorstellen, zu heiraten und glücklich zu werden. Auch das Mädchen scheint interessiert zu sein. Sie zeichnet Beethoven als Romeo[37], der unter ihrem Balkon steht und nach oben sieht. Doch wieder hat Beethoven kein Glück. Giulietta entscheidet sich doch für einen anderen Mann. Für seine verlorene Liebe schreibt Beethoven ein inzwischen sehr bekanntes Klavierstück: die „Mondscheinsonate".
Der Enttäuschung in der Liebe folgen große gesundheitliche Probleme. Beethoven kann immer weniger hören. Außerdem hat er oft Bauch- und Magenschmerzen. Hinzu kommen Kopfschmerzen, Augenprobleme und Rheuma in den Armen.
Sein Arzt Johann Adam Schmidt empfiehlt einen Urlaub in Heiligenstadt außerhalb Wiens. Der Arzt hat die Hoffnung, dass Beethovens Krankheiten durch das gesunde Wasser des Ortes weniger werden und die Schwerhörigkeit sogar verschwinden könnte.
Von Mai bis Oktober 1802 wohnt und arbeitet Beethoven in Heiligenstadt. Doch sein Gesundheitszustand verbessert sich nicht, im

[35]**die Schwerhörigkeit:** wenn die Fähigkeit zu hören eingeschränkt (= begrenzt) ist
[36]**gehörlos:** wenn man fast nicht oder gar nicht hören kann
[37]**Romeo:** männlicher Name; Figur im Stück „Romeo und Julia" von Shakespeare

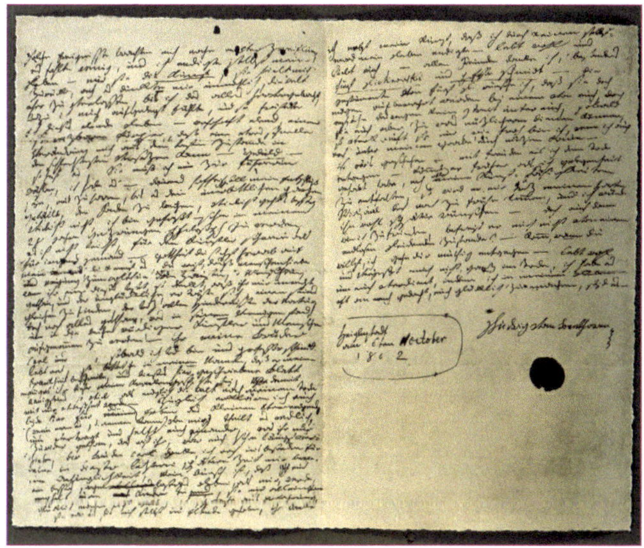

Beethovens „Heiligenstädter Testament"

Gegenteil: Die immer weiter zunehmende Schwerhörigkeit lässt den Komponisten verzweifeln[38].

Am 6. Oktober schreibt Beethoven einen Brief an seine Brüder Kaspar Karl und Nikolaus Johann, in dem er seine emotionale Situation schildert und den Nachlass[39] regelt. Dieser Brief wird „Heiligenstädter Testament[40]" genannt.

Beethoven entschuldigt sich in dem Brief dafür, dass er immer weniger am gesellschaftlichen Leben teilnimmt. Er kann sich nicht vorstellen, wie sein Leben ohne sein besonders gutes musikalisches Gehör aussehen soll. Schließlich beschreibt der 31-Jährige, was seine Brüder von seinem Erbe[41] bekommen sollen.

[38]**verzweifeln (die Verzweiflung):** keine Hoffnung mehr haben, dass etwas besser wird
[39]**der Nachlass:** Dinge, die von einer Person nach dem Tod zurückbleiben
[40]**das Testament:** Dokument, in dem steht, wer was vom Eigentum einer Person nach ihrem Tod bekommen soll
[41]**das Erbe:** Besitz, der nach dem Tod einer Person z. B. an die Verwandten gegeben wird

Wie macht Beethoven nach diesen dunklen Momenten weiter? Er versucht, den Wunsch und die Hoffnung, eine eigene Familie zu haben, zu ignorieren. Komponieren will er trotz seiner Schwerhörigkeit weiterhin. Nur die Musik soll jetzt sein Lebensinhalt sein!

Eine Oper und wieder Liebeskummer

Zu Beethovens Ideen in seiner „heroischen Phase" gehört eine Oper. Sie ist durch die aktuellen Ereignisse in Frankreich beeinflusst. Nach der Revolution im Jahr 1789 kam Frankreich in eine politische und wirtschaftliche Krise. Der erfolgreiche General Napoleon Bonaparte (1769–1821) stürzte[42] mithilfe der Armee die Regierung und wurde selbst der neue Herrscher[43] in Frankreich. Er führte eine Reihe von Reformen ein, die ihm über die Grenzen des Landes hinaus Bewunderung brachten.

Auch Beethoven ist von Napoleon begeistert. Er widmet[44] dem Herrscher Frankreichs seine 3. Sinfonie[45]. Wie viele andere sieht auch Beethoven in Napoleon den Mann, der die Menschen in Europa von der Unterdrückung[46] durch die Könige und Kaiser[47] befreit. Als sich Napoleon jedoch 1804 selbst zum Kaiser macht, ist Beethoven enttäuscht.

Napoleon Bonaparte

[42]**stürzen:** hier: die Macht von jemandem wegnehmen
[43]**der Herrscher / die Herrscherin:** Person, die Macht (= die Position und Fähigkeit haben, über Personen zu entscheiden) über ein Land hat
[44]**widmen:** hier: ein Musikstück für jemanden komponieren
[45]**die Sinfonie:** eine bestimmte Art von Musikstück für ein Orchester
[46]**die Unterdrückung:** Zustand, bei dem Personen keine Freiheit haben
[47]**der Kaiser / die Kaiserin:** Person in der höchsten Position in einer Monarchie

In dieser Zeit beginnt in Beethoven erneut die Liebe zu Josephine Brunsvik zu wachsen. Die Frau ist inzwischen mit Graf Joseph von Deym verheiratet. Doch in diesem Jahr stirbt Josephines Ehemann und Vater der vier Kinder. Offenbar hat auch Josephine Gefühle für Beethoven. Doch auch diesmal wird aus den beiden kein offizielles Paar. 1808 verlässt Josephine Wien und heiratet erneut einen anderen Mann.

Die Schwierigkeiten in der Liebe bremsen Beethovens Kreativität diesmal jedoch nicht. Die Oper, deren Idee schon 1802 entstanden ist, wird fertig. Doch die Premiere[48] von „Fidelio" wird ein Misserfolg. Warum? In Wien gibt es damals viele französische Soldaten. Die meisten Adligen haben die Stadt verlassen. Die Offiziere[49] Napoleons, die jetzt im Theater sitzen, freuen sich wenig über den Inhalt der Oper. Denn „Fidelio" handelt von dem Kampf um Freiheit. Die Franzosen nehmen an, dass *sie* mit den Unterdrückern[50] gemeint sind.

Mit solchen negativen Erlebnissen kann Beethoven in dieser Zeit gut umgehen. 1808 ist er dann auf dem Höhepunkt[51] seiner künstlerischen Arbeit. Als Mensch wird er jedoch immer schwieriger. Er kritisiert ständig seine Dienstboten[52], entlässt sie und stellt neue ein. Er streitet immer wieder mit seinen Vermietern und Nachbarn. Obwohl ein Umzug anstrengend ist, wechselt Beethoven häufig seine Wohnung. Ungefähr dreißig verschiedene Adressen sind aus seiner Zeit in Wien bekannt!

Finanziell geht es Beethoven in dieser Phase gut. Dabei hilft ihm eine ungewöhnliche Methode: Um mehr Geld zu bekommen, sagt er immer wieder, dass er Wien verlassen und in einer anderen Stadt leben und arbeiten wird. Das möchten seine Gönner und

[48]**die Premiere:** erste öffentliche Aufführung einer Oper, eines Theaters / Films
[49]**der Offizier / die Offizierin:** Person, die eine Gruppe von Soldaten / Soldatinnen leitet
[50]**der Unterdrücker / die Unterdrückerin:** Person, die die Rechte von anderen Menschen nicht respektiert und sie schlecht behandelt
[51]**der Höhepunkt:** der wichtigste / beste Teil einer Entwicklung
[52]**der Dienstbote / die Dienstbotin:** Person, die für Personen in höheren Positionen Arbeit im Haushalt erledigt

Freunde verhindern. Auf diese Weise schafft Beethoven es, dass er ab Oktober 1809 eine jährliche Zahlung von 4000 Gulden[53] bekommt, um nicht wegzugehen. Finanziert wird das Gehalt u. a. von Erzherzog[54] Rudolf von Österreich.
Der jüngste Sohn von Kaiser Leopold II. (1747–1792) wird 1804 als 16-Jähriger Beethovens Schüler. Beethoven bildet ihn zu einem sehr guten Pianisten aus. Außerdem gibt er ihm auch Unterricht im Komponieren. Zwischen den beiden entsteht eine enge Freundschaft.
Am 6. und 7. Juli 1812 schreibt Beethoven einen Brief, der berühmt wird. Erst nach seinem Tod findet man ihn in einem versteckten Fach des Schreibtisches. Empfängerin des Briefes ist eine Frau. Beethoven nennt sie „unsterbliche Geliebte[55]". Ihr richtiger Name wird aber nicht genannt.

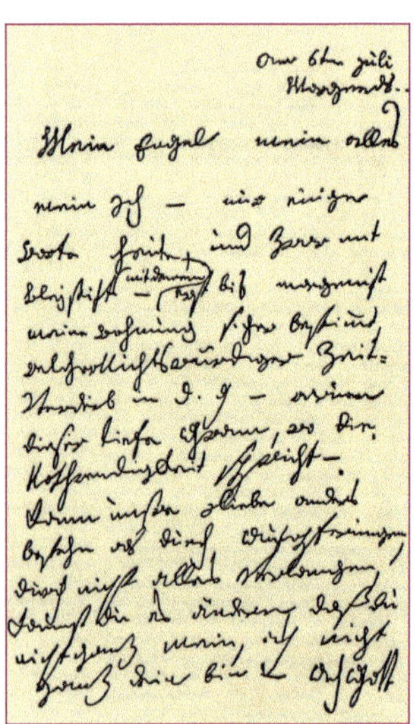

Brief an die „unsterbliche Geliebte"

In dem Brief steht, dass sich die beiden wenige Tage zuvor in Prag getroffen und über die Zukunft ihrer Beziehung gesprochen haben. Sie haben sich gesagt, dass sie sich lieben. Sie haben gehofft, dass sie eine lange Beziehung haben werden. Doch es hat wohl Gründe gegeben, die das verhindert haben. Welche Gründe das waren, ist aber bis heute nicht bekannt. Wer die „unsterbliche Geliebte" ist, ist auch ein Rätsel. Sehr wahrscheinlich ist es eine verheiratete Frau und die Liebe der

[53]**der Gulden:** Münze / Währung in dieser Zeit
[54]**der Erzherzog / die Erzherzogin:** besondere Form eines Fürsten / einer Fürstin; Person mit hoher Position im Adel
[55]**die unsterbliche Geliebte:** alter Ausdruck für eine Frau, die man sehr liebt

beiden ist deshalb verboten. Vielleicht ist es Josephine Deym, geborene Brunsvik, in die Beethoven schon früher verliebt war.

Heute vermutet man, dass Antonie Brentano diese Frau sein könnte. Sie ist damals mit einem Kaufmann aus Frankfurt verheiratet und lebt in Wien, um ihren kranken Vater zu pflegen. Beethoven und das Ehepaar Brentano sind gute Freunde und im Sommer 1812 sind sie gleichzeitig in Böhmen[56]. Vielleicht ist das Verhältnis zu Frau Brentano mehr als nur Freundschaft. Beethoven leidet unter Liebeskummer. Das zeigt vor allem ein Satz aus dem Brief: „Deine Liebe macht mich zum Glücklichsten und zum Unglücklichsten zugleich."

Antonie Brentano mit ihren Kindern

Im gleichen Jahr trifft Beethoven in Teplitz, einer Stadt in Böhmen, den Dichter Johann Wolfgang von Goethe (1749–1832). Beethoven hat schon Musik für Goethes Schauspiel „Egmont" geschrieben und mehrere seiner Gedichte vertont[57]. Der Dichter des berühmten Stückes „Faust" ist damals 62 Jahre alt. Er hat eine ganz andere Persönlichkeit als Beethoven. Die beiden sind sehr verschieden und von dem Treffen enttäuscht.

Goethe (1. von links) und Beethoven (2. von links) in Teplitz (1812)

[56]**Böhmen:** Gebiet und ein Teil der heutigen Tschechischen Republik
[57]**vertonen:** hier: aus einem Gedicht ein Musikstück machen

Krankheit und wenig Hoffnung

Beethovens psychische[58] Situation ist 1813 wieder auf einem Tiefpunkt[59]. Zwar hat er die 8. Sinfonie beendet, doch ihm wird klar, dass er keine glückliche Liebesbeziehung und Ehe haben wird und seine Einsamkeit akzeptieren muss. Das ist aber so schwer für ihn, dass er in diesem Jahr einen Selbstmordversuch[60] unternimmt: Als er die Gräfin Anna Maria Erdödy in ihrem Landhaus besucht, ist er plötzlich verschwunden. Erst einige Tage später findet man ihn in einem äußeren Teil des großen Gartens. Möglicherweise wollte er mit Absicht verhungern.

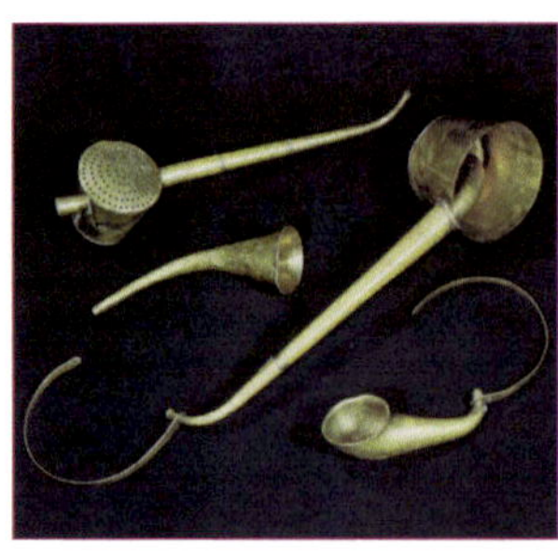

Hörrohre von Beethoven, hergestellt von Johann Nepomuk Mälzel (1813)

Die Persönlichkeit Beethovens verändert sich mehr und mehr. Auf die anderen Menschen wirkt er seltsam und er kümmert sich nicht um sein Aussehen. Weil er kaum noch hören kann, verwendet Beethoven bei Gesprächen ein Hörrohr. Dadurch kann er doch noch hören, was seine Gesprächspartner sagen.

Zu den gesundheitlichen Problemen kommt jetzt auch eine sinkende Popularität hinzu. Beethovens musikalischer Stil aus der „heroischen Phase“ ist beim Publikum nicht mehr beliebt. Nachdem Napoleon 1814 gestürzt wurde, werden die politischen Verhältnisse in Europa neu geordnet. Die Menschen ziehen sich in ihr privates Leben zurück. Sie wollen leichte, romantische Melodien hören. Musik soll der Unterhaltung dienen.

Am 25. Januar 1815 tritt Beethoven schließlich zum letzten Mal öffentlich am Klavier auf. Wie schon mehrmals in seinem Leben

[58] **psychisch:** die Psyche (Gedanken, Gefühle, Stimmung) betreffend
[59] **der Tiefpunkt:** der schlechteste Moment einer Entwicklung
[60] **der Selbstmordversuch:** Versuch, das eigene Leben selbst zu beenden

sind sich gegensätzliche Gefühle in dieser Zeit nah, sie trennt nur ein halbes Jahr: auf der einen Seite Verzweiflung und auf der anderen Seite neue Hoffnung und Kraft.
Im November 1815 stirbt Beethovens Bruder Kaspar Karl. Dieser hat vor seinem Tod entschieden, dass Beethoven der Vormund[61] für seinen 9-jährigen Sohn Karl sein soll. Beethoven soll zusammen mit der Mutter Johanna van Beethoven für das Kind sorgen. Er kümmert sich voller Motivation um die neue Aufgabe und erlebt dadurch neues Glück im Leben.
Aber Beethoven übertreibt: Er will, dass Karls Mutter das Sorgerecht[62] für seinen Sohn verliert.
Er stellt die Frau vor den Behörden sehr negativ dar und hat am Ende mit dieser Strategie Erfolg. Nun ist er allein für Karl verantwortlich.

Beethoven (1815)

Beethoven lebt so sehr für diese Aufgabe, dass er sogar glaubt, selbst der Vater des Jungen zu sein. Auf der einen Seite kümmert er sich liebevoll um den Neffen. Auf der anderen Seite gibt es harte Strafen, wenn Karl nicht so lernt, wie Beethoven es möchte. Und Beethoven hat Angst, dass er selbst Karl wieder verlieren könnte. Er macht seinem Neffen Vorwürfe: Er behauptet, dass Karl undankbar ist und sich heimlich mit seiner Mutter trifft. Eigentlich macht es Beethoven glücklich, dass er für Karl sorgen kann. Doch das zeigt er nicht nach außen.

[61]**der Vormund / die Vormundin:** Person, die u. a. die rechtlichen und finanziellen Dinge einer anderen Person (z.B. eines Kindes) regelt
[62]**das Sorgerecht:** das Recht, für eine minderjährige (= nicht erwachsen) Person zu sorgen und Entscheidungen für sie zu treffen

Er komponiert nur wenig, geht Menschen aus dem Weg und wechselt so oft seine Laune, dass auch seine Freunde nicht mehr genau wissen, in welcher Stimmung er sich gerade befindet. Sie besuchen ihn nicht mehr so oft wie früher.

Der Streit zwischen Beethoven und seiner Schwägerin[63] Johanna um das Sorgerecht für Karl wird erst 1820 endgültig *für* Beethoven entschieden. Jetzt kann er sich wieder auf seine musikalischen Projekte konzentrieren. Einige Entwürfe[64] lagen schon lange in seinem Schreibtisch.

Hören kann Beethoven inzwischen nichts mehr. Seit 1818 ist er gehörlos. Unterhaltungen kann er nur noch mit so genannten „Konversationsheftchen" führen. Das sind kleine Schreibhefte, in die seine Gesprächspartner schreiben, was sie ihm mitteilen wollen. In einem von ihnen stehen die Worte des Verlegers Tobias Haslinger. Er antwortet auf Beethovens Frage, ob er die weißen Wände in einem Zimmer in seiner neuen Wohnung lieber streichen[65] oder tapezieren[66] lassen soll.

Beethoven bei einem Spaziergang

Beethovens Verhalten wird jetzt noch seltsamer. Er singt, weint und stampft[67] durch sein Arbeitszimmer und kommt oft mit einem ungewöhnlichen Blick heraus. Nachts läuft er ohne Ziel durch die Straßen Wiens. Er ist oft unordentlich gekleidet und das Haar ist durcheinander.

[63]**die Schwägerin:** Ehefrau des Bruders
[64]**der Entwurf:** erste Ideen / Gedanken zu einem künstlerischen Werk; Skizze
[65]**streichen:** eine Wand mit Farbe anmalen
[66]**tapezieren:** eine Tapete (= ein festes Papier mit Muster) an die Wand kleben
[67]**stampfen:** sehr laut gehen

Letzte Werke und Tod

Beethoven mit Noten des Stücks „Missa solemnis" (1820)

Obwohl es ihm nicht gut geht, beginnt Beethoven 1818 mit dem Komponieren der 9. Sinfonie, die später ein riesiger Erfolg wird.

Gleichzeitig beendet er 1823 die „Missa solemnis". Das Werk soll an katholischen Feiertagen in der Kirche gespielt werden. Die „Missa solemnis" sollte eigentlich schon drei Jahre früher fertig werden. Denn Beethoven hatte geplant, dass das Werk bei der Inthronisation[68] Rudolfs von Österreich zum Erzbischof[69] gespielt wird.

Beethovens Musik wird wieder beliebter. Das gibt dem Musiker Kraft für seine Projekte. Sogar eine Neuaufführung der Oper „Fidelio" dirigiert Beethoven 1822 persönlich. Aber die Musiker und Musikerinnen, die Sänger und Sängerinnen erschrecken sich. Sie finden die Bewegungen seiner Hände, die Töne[70], die aus seinem Mund kommen, und seinen Blick seltsam.

Beethoven beim Dirigieren

Zu einem riesigen Erfolg wird dagegen die Premiere der 9. Sinfonie am 7. Mai 1824. Beethoven

[68]**die Inthronisation:** feierliche Einführung einer Person in ein hohes kirchliches Amt
[69]**der Erzbischof:** Person, die eine hohe Position in der christlichen Kirche hat
[70]**der Ton:** etwas, das man hören kann

dirigiert diesmal nicht selbst, sondern er steht nur vor dem Orchester und schlägt mit den Händen den Takt[71]. Die Musik kann er nicht mehr hören, auch nicht den großen Beifall[72] nach dem Ende des Konzerts. Man dreht ihn vorsichtig zum Publikum, damit er die begeisterten Leute sieht und sich verbeugen[73] kann.

Im Januar 1826 wird bei Beethoven neben den schon bekannten Krankheiten eine kranke Leber[74] festgestellt. Außerdem wird das Verhältnis zum Neffen Karl immer schlechter. Sie haben Streit. Der junge Mann möchte nicht mehr, dass andere sagen, was er tun soll. Er möchte sein Leben so führen, wie es ihm selbst gefällt. Doch der Onkel macht Druck und lässt Karl beobachten.

Karl van Beethoven

Es kommt zu einer schlimmen Situation: Karl versucht, sich umzubringen[75]. Schwer verletzt kommt Karl in ein Krankenhaus. Beethoven ist sehr enttäuscht. Er muss erkennen, dass seine ideale Vorstellung von einem Vater-Sohn-Verhältnis nicht wirklich wird.

Beethovens verschiedene körperliche Probleme nehmen immer weiter zu. Mit Aufenthalten auf dem Land versucht er, sie zu verbessern. Am 29. September 1826 besucht er zusammen mit seinem Neffen Karl das Landgut seines Bruders Nikolaus Johann in Gneixendorf. Von dort reist er Anfang Dezember bei nasskaltem Wetter in einem offenen Wagen nach Wien zurück und bekommt

[71] **der Takt:** das Maß, das ein Musikstück einteilt (z. B. ¾-Takt)
[72] **der Beifall:** Klatschen mit den Händen, was zeigt, dass etwas gefallen hat
[73] **verbeugen:** den Oberkörper nach vorn beugen, um sich zu bedanken
[74] **die Leber:** Organ, das das Blut reinigt
[75] **sich umbringen:** das eigene Leben beenden; sich selbst töten

dabei wohl eine Lungenentzündung[76]. Zwar erholt er sich davon, doch nun wird die Krankheit der Leber, die er schon länger hat, schlechter. Seine Haut wird gelb.

Anfang 1827 haben die Ärzte keine Hoffnung mehr, dass Beethoven das Bett noch einmal verlassen kann. Aber Beethoven kann immer noch klar denken und schreibt weiter Noten auf. Dabei sind erste Ideen zu einer 10. Sinfonie.

In den letzten Wochen seines Lebens schafft es Beethoven, den Streit sowohl mit seinem Neffen Karl als auch mit seiner Schwägerin Johanna zu beenden.

Am 26. März 1827 stirbt Beethoven und wird drei Tage später auf dem Friedhof[77] von Währing, einer Vorstadt Wiens, bestattet[78]. Zehntausende Menschen stehen am Straßenrand, als der Sarg[79] von seiner Wohnung zum Währinger Friedhof gebracht wird. 1888 wird Beethovens Sarg auf den Wiener Zentralfriedhof gebracht.

Beethovens Beerdigung in Wien

[76]**die Lungenentzündung:** Krankheit der Lunge (= Organ, mit dem man atmet)
[77]**der Friedhof:** ein Ort für die Toten
[78]**bestatten:** eine tote Person in die Erde legen; beerdigen
[79]**der Sarg:** ein Kasten aus Holz, in dem eine tote Person bestattet wird

Übungen zum Leseverstehen

Kindheit mit Musik

1. **Wer waren die wichtigen Personen in Beethovens Kindheit? Verbinde.**

a) Ludwig van Beethoven
b) Johann van Beethoven
c) Christian Gottlob Neefe

1 ist Organist und lässt Beethoven Orgel spielen.
2 ist der Vater und trinkt sehr viel Alkohol.
3 ist der Großvater und kam aus Belgien nach Bonn.

2. **Welches Wort passt? Löse das Rätsel.**

spielt · rechnen · allein · getauft · geboren · Konzert · Fehler · Schule

Ludwig van Beethoven wird wahrscheinlich am 16. Dezember 1770 _ _ _ _ _ _ _ (1) und einen Tag später _ _ _ _ _ _ _ (2). Er _ _ _ _ _ _ (3) nicht immer nach Noten, sondern improvisiert gern, wenn er Musik macht. Im Alter von acht Jahren gibt Beethoven ein _ _ _ _ _ _ _ (4) in Köln. Er geht nicht lange zur _ _ _ _ _ _ (5). Deshalb kann er nur ein bisschen _ _ _ _ _ _ _ (6) und macht beim Schreiben viele _ _ _ _ _ _ (7). Beethoven ist oft lieber _ _ _ _ _ _ (8).

Lösungswort: W _ _ d _ _ k _ _ d

Frühe Verantwortung

3. Was ist richtig (✓), was ist falsch / nicht bekannt (×)? Kreuze an.

	✓	×
a) Mozart ist von Beethoven begeistert.	☐	☐
b) Mit 15 Jahren kommt Beethoven nach Wien.	☐	☐
c) Er kümmert sich um seinen Vater und die Brüder.	☐	☐
d) Beethoven lebt im Haus von Helene von Breuning.	☐	☐
e) Beethoven trifft Joseph Haydn in Bonn.	☐	☐

4. Stell dir vor, eine Bonner Zeitung berichtet über die Begegnung von Beethoven und Mozart. Was schreibt sie? Ergänze.

jünger | Orchester | reagierte | Stücke | Komponisten | Wohnung

WIEN. Der junge Ludwig van Beethoven ist Musiker im ____________ **(1)** des Kurfürsten Maximilian Friedrich in Bonn. Jetzt besuchte er Wolfgang Amadeus Mozart in seiner ____________ **(2)**. Er ist rund 15 Jahre ____________ **(3)** als Mozart. Er spielte für den ____________ **(4)** auf dem Klavier. Es ist aber nicht bekannt, welche ____________ **(5)** Beethoven spielte und wie Mozart darauf ____________ **(6)**.

Die Anfänge in Wien

5. Was stimmt nicht? Streiche das falsche Wort durch.

a) Beethoven trägt **auffallende / unpassende** Kleidung.
b) Französische Soldaten **verlassen / kommen nach** Bonn.
c) Beethovens erste Wohnung in Wien ist **im Keller / unter dem Dach**.
d) Der Kursfürst schickt **kein / mehr** Geld aus Bonn.
e) Beethoven zieht in **die Wohnung / das Haus** des Fürsten Karl Lichnowsky.

6. Was ist richtig? Kreuze die richtigen Antworten an.

a) Beethoven ärgert sich nicht über sein Publikum. ☐
b) Beethoven lacht, weil einige im Publikum weinen müssen. ☐
c) Beethoven ist sehr zufrieden mit Haydn, seinem Lehrer. ☐
d) Beethoven hat ihn Wien viel Konkurrenz. ☐

Erfolge und Liebeskummer

7. Wann macht Beethoven was? Bring die Aktivitäten in die richtige Reihenfolge. Tipp: Eine Sache macht er zweimal.

a) spazieren gehen
b) Briefe schreiben
c) frühstücken
d) aufstehen
e) Kaffee trinken
f) komponieren
g) Konzert besuchen / Freunde treffen
h) Mittagessen und Gäste haben

8. Wer war Josephine Brunsvik? Ergänze.

Schwester | adlige | Verwandte | heiraten | verliebt | Freundschaft | Klavierunterricht

Josephine Brunsvik ist eine junge ______________ **(1)** Dame. Sie kommt mit ihrer Mutter und ihrer ______________ **(2)** Therese nach Wien. Sie besuchen dort ______________ **(3)**. Beethoven gibt den beiden jungen Frauen ______________ **(4)**. Beethoven versteht sich gut mit der Familie. Es entwickelt sich eine ______________ **(5)**. Beethoven ______________ **(6)** sich in Josephine, aber sie können nicht ______________ **(7)**.

Die „heroische Phase"

9. Beethoven hatte mehrere Krankheiten und Schmerzen. Mit welchen Organen hatte er Schwierigkeiten? Notiere.

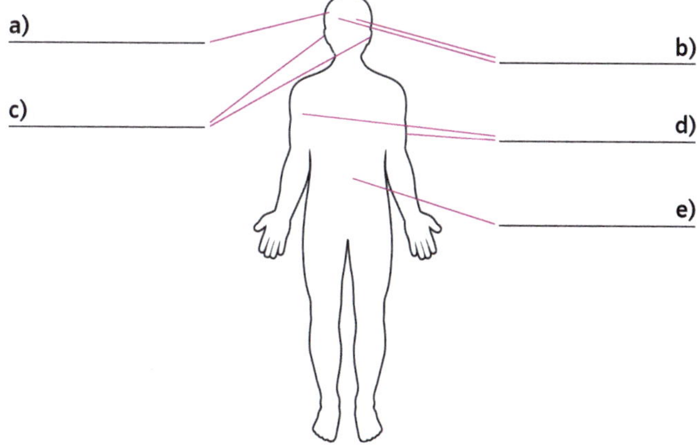

10. Was macht Beethoven in Heiligenstadt? Kreuze die richtige Antwort an.

a)	Er schreibt einen Brief an eine Frau.	☐
b)	Er schreibt auf, wer sein Erbe bekommt.	☐
c)	Er schreibt eine neue Sinfonie.	☐
d)	Er schreibt Szenen für seine Oper.	☐

Eine Oper und wieder Liebeskummer

11. Als sich Wissenschaftler / Wissenschaftlerinnen mit dem Brief an die „unsterbliche Geliebte" beschäftigten, hatten sie viele Fragen. Welche wurden beantwortet (✓), welche nicht (×)?

		✓	×
a)	Wer war die „unsterbliche Geliebte"?	☐	☐
b)	Wo traf sich Beethoven mit der Frau?	☐	☐
c)	Mochte diese Frau Beethoven?	☐	☐
d)	Warum war eine Beziehung nicht möglich?	☐	☐

Krankheit und wenig Hoffnung

12. Was ist richtig? Kreuze die richtige Antwort an.

a) Welche Sinfonie beendet Beethoven 1813?

☐ Die 5. ☐ Die 8. ☐ Die 9.

b) Wo will Beethoven sein Leben beenden?

☐ Im Fluss ☐ Im Arbeitszimmer ☐ Im Garten

c) Was ändert im November 1815 Beethovens Leben?

☐ Er heiratet. ☐ Sein Bruder stirbt. ☐ Er wird Onkel.

d) Was hilft Beethoven ab 1820, Gespräche zu führen?

☐ Gesten ☐ Hörrohre ☐ Schreibhefte

Letzte Werke und Tod

13. Was passt zusammen? Verbinde.

a) Die „Missa solemnis“

b) „Fidelio“

c) Die 9. Sinfonie

1 wird 1824 zum ersten Mal aufgeführt.

2 wird 1822 neu aufgeführt.

3 wird 1823 beendet.

14. Was passiert in Beethovens letzten Lebensmonaten? Ergänze.

führen | Streit | umzubringen | beenden | verlassen | Wien

Beethoven hat ________________ **(1)** mit seinem Neffen Karl, der sein eigenes Leben ________________ **(2)** möchte. 1826 versucht Karl sogar, sich ________________ **(3)**.

Auf der Fahrt vom Landgut des Bruders nach ______________ **(4)** bekommt Beethoven eine Lungenentzündung. Danach kann er das Bett nicht mehr ________________ **(5)**. Vor seinem Tod kann er den Streit mit Karl und Johanna ________________ **(6)**.

Musik für Jahrhunderte

Intensive Arbeit und langer Erfolg

Ludwig van Beethoven komponierte insgesamt ungefähr 750 Werke. Dazu gehören neun Sinfonien, Stücke für Klavier und Violine, kleinere Werke für Chor[1] und Orchester, Kirchenmusik und eine Oper. Dies konnte er nur durch sehr viel Arbeit und Disziplin[2] erreichen. Es gab Zeiten, in denen Beethoven sehr viel komponierte, und Jahre, in denen nur wenige Stücke entstanden. Das folgende Balkendiagramm zeigt das sehr deutlich. In Beethovens erster Zeit in Wien war 1796 ein gutes Jahr. Er beendete die Arbeit an 24 Werken! Auch danach gab es Jahre, in denen Beethoven viel komponierte, vor allem 1798 und 1815.

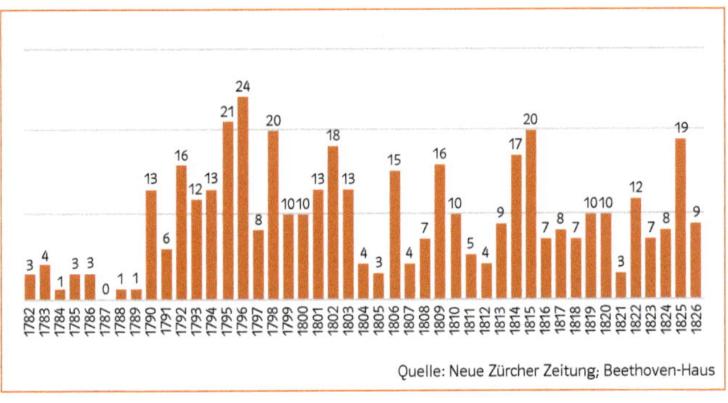

Anzahl der Werke, die Ludwig van Beethoven in den Jahren 1782 bis 1826 pro Jahr beendete

Beethoven arbeitete an ganz verschiedenen Orten. In seinem Arbeitszimmer zu Hause saß er häufiger an seinem Schreibtisch als am Klavier. Das hatte wahrscheinlich etwas damit zu tun, dass er seit 1818 die Töne und Melodien, die er spielte, nicht mehr hören konnte. Er musste sich die Töne vorstellen.

[1]**der Chor:** eine Gruppe von Personen, die gemeinsam singen
[2]**die Disziplin:** wenn man viel und hart arbeitet und dabei streng mit sich ist

Zu Mittag aß er in einem Gasthaus und am Nachmittag besuchte er ein Kaffeehaus. Er stand nicht sofort auf, nachdem er gegessen oder den Kaffee getrunken hatte. Denn manchmal hatte er sehr viele Ideen und vergaß dabei, wo er eigentlich war. Dann blieb er stundenlang an seinem Tisch sitzen, dachte nach und komponierte.

Beethoven bei der Arbeit

Beethoven war sehr gern zu Fuß unterwegs. Besonders liebte er Spaziergänge in der Natur. Im Sommer lebte Beethoven viele Monate auf dem Land und ging durch die Wiesen, Felder und Wälder. Man sah ihn summend[3] durch die Gegend gehen oder unter einem Baum sitzen. Da machte er eine Pause vom Gehen und schrieb seine Ideen auf.

Die Ideen kamen zu jeder Zeit, egal ob in der Nacht, morgens oder am Tag. Die Melodien entstanden in seinem Kopf durch fröhliche, traurige oder nachdenkliche Stimmungen, in denen er selbst war, oder durch Beobachtungen. Beethoven hatte immer ein Skizzenbuch dabei. Dort notierte er seine Einfälle in Form von Noten.

Beethoven hatte beim Komponieren ein Ziel: Die Stücke sollten perfekt werden. Deshalb arbeitete er immer wieder an der Partitur[4]: Er verbesserte, strich durch und ergänzte. Beethoven glaubte, dass seine Werke auch für spätere Generationen noch wichtig sein werden. Die meisten anderen Komponisten dieser Zeit meinten dagegen, dass ihre Stücke nach ein paar Jahren wieder vergessen sein werden.

[3]**summend:** während man mit geschlossenen Lippen einen Laut / eine Melodie macht (= **summen**)
[4]**die Partitur:** die aufgeschriebenen Noten eines Musikstücks

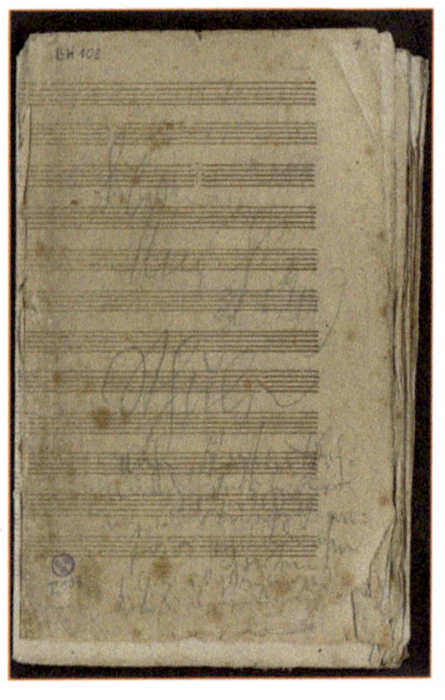

Skizzenbuch von Beethoven

Beethovens Musik wirkt meist sehr dramatisch. Warum? Beethoven baute die Stücke nach einem bestimmten Plan auf. Das machte sie besonders spannend. Viele seiner Kompositionen enden schließlich mit einem großen Finale[5]. Außerdem gelingt es den Stücken zu überraschen. Beethoven baute nämlich immer wieder etwas in seine Werke ein, das man nicht erwartet. Dadurch kann man am Anfang eines Stücks nicht vermuten, wie es weitergeht.

Beethovens neue Art, Musik zu machen, gefiel damals nicht allen Menschen. Aber spätere Komponisten orientierten sich daran. Dadurch veränderte Beethoven die Musik und beeinflusste, wie *nach* ihm Musik komponiert wurde.

Beethovens Musik war der Höhepunkt der „Wiener Klassik". Die Musik der „Wiener Klassik" entstand in der Zeit von 1760 bis 1825 durch Komponisten, die in Wien lebten und arbeiteten. Neben Beethoven gehörten dazu vor allem Haydn und Mozart.

Die 3. Sinfonie

Von den neun Sinfonien, die Beethoven komponierte, sind drei besonders wichtig. Die 3. Sinfonie entstand in den Jahren 1802 bis 1803. Das Orchesterwerk ist etwas Besonderes. Es ist bis heute sehr beliebt und wird noch oft gespielt. Beethoven veränderte dabei die Art, wie eine Sinfonie komponiert werden kann, deutlich.

[5]**das Finale:** hier: der letzte Teil eines längeren Musikstücks; Ende

Beethoven bei der Arbeit

Beethoven wollte die 3. Sinfonie zuerst „Bonaparte" nennen. Er bewunderte nämlich den französischen General Napoleon Bonaparte und seine Ideen. 1804 wollte er deshalb sogar Wien verlassen und nach Paris umziehen. Vielleicht war die Sinfonie eine Art Bewerbung Beethovens bei Napoleon als Hofkomponist? Möglicherweise wollte er ihm das Stück persönlich in der französischen Hauptstadt präsentieren. Doch als Napoleon sich schließlich selbst zum Kaiser machte, war Beethoven enttäuscht. Er blieb in Wien.
In der 3. Sinfonie verwendete Beethoven völlig neue Formen, sich musikalisch auszudrücken[6]. Er arbeitete mit großen Gegensätzen. Zum Beispiel ist der erste Satz[7] auf einem einzigen, einfachen musikalischen Motiv[8] aufgebaut. Da sind zwei Akkorde[9]. Sie werden zu Beginn vom ganzen Orchester gespielt.
Das komponierte Beethoven nicht ohne Grund so. Ein solcher Anfang sollte das Publikum zur Ruhe zu bringen. Das Konzertpubli-

[6]**ausdrücken:** etwas in einer bestimmten Art sagen / deutlich machen / zeigen
[7]**der Satz:** hier: Teil einer Sinfonie
[8]**das Motiv:** hier: eine kurze Folge von Tönen, die man wiedererkennt
[9]**der Akkord:** mindestens drei unterschiedliche Töne werden gleichzeitig erzeugt

kum im frühen 19. Jahrhundert verhielt sich nämlich anders als heute. Vor allem zu Beginn eines Konzerts blieb man nicht ruhig sitzen und schwieg. Man unterhielt sich miteinander, lachte und achtete nicht darauf, wann das Orchester anfing, zu spielen.
Beethoven ärgerte sich, wenn sich das Publikum nicht ausschließlich auf seine Musik konzentrierte. Deshalb ließ er das gesamte Orchester diese zwei Akkorde spielen: „Bamm, bamm". Man kann sich das so vorstellen, dass das Orchester damit „sagt": „Bitte Ruhe, es geht los!" Das Publikum von damals war sicher überrascht. Auch der große Einsatz einer Gruppe von Hörnern war bis dahin nicht bekannt.

Ein Horn

Die 5. Sinfonie

Die 5. Sinfonie beginnt mit dem sicher berühmtesten Motiv aller Werke von Beethoven. Es wird immer wieder bei unterschiedlichen Gelegenheiten verwendet, sogar als Klingelton am Telefon oder in der Werbung.
„Da - da - da - daaa": Vier laute Töne des gesamten Orchesters sollen zeigen, um was es bei dieser Sinfonie geht. Beethoven beschreibt in der Sinfonie das Schicksal[10], das an die Tür klopft. Deshalb nennt man dieses Werk oft auch die „Schicksalssinfonie". Eigentlich hat sie den Titel „Pastorale", was „ländlich" oder „auf dem Land" bedeutet.
Beethoven schrieb erste Ideen zur 5. Sinfonie schon im Jahr 1803 auf. Die gesamte Komposition entstand aber erst in den Jahren

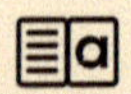

[10]**das Schicksal:** eine höhere Macht, von der manche Menschen glauben, dass sie ihr Leben beeinflussen kann

1807 und 1808. Im Sommer 1808 wohnte Beethoven in einem kleinen Landhaus in Heiligenstadt, einem Dorf bei Wien. Auch der Dichter Franz Grillparzer und seine Familie waren dort zu Gast.

Beethoven beim Komponieren in der Natur

Jeden Tag ging Beethoven in der Natur spazieren und dort bekam er die Ideen für seine Musik. Das merkt man besonders an den Stellen, an denen er bestimmte Elemente aus der Natur mit Tönen darstellt: Vogelgesang im zweiten Satz. Regen, Blitz und Donner im vierten Satz.

Ein Weg in Heiligenstadt, auf dem Beethoven oft und besonders gern spazieren ging, heißt inzwischen „Beethoven-Gang". Auch heute noch gehen die Leute auf diesem Weg wandern oder spazieren.

Der „Beethoven-Gang" heute

In den Wochen in Heiligenstadt dachte Beethoven wahrscheinlich viel über sein Leben, die guten und schlechten Momente nach. Dadurch bekam die 5. Sinfonie ein Thema. Die Sinfonie „erzählt" vom Weg des Menschen zu einem Ziel. Auf diesem Weg gibt es viele Herausforderungen. Dafür braucht man alle Kraft, die man hat. Manche meinen, es geht dabei um den Kampf des Künstlers gegen eine Welt, die er als feindlich[11] erlebte.

Die vier Sätze der Sinfonie zeigen die unterschiedlichen Stimmungen auf dem Weg des Lebens: Der erste Satz klingt leidenschaftlich[12]. Der zweite Satz ist eher nachdenklich. Der dritte Satz ist geheimnisvoll und der vierte Satz stellt den Sieg über die Schwierigkeiten dar. Das Musikstück verlangt von den Zuhörern und Zuhörerinnen, dass sie diese Entwicklung mitdenken und mitfühlen.

Die 9. Sinfonie

Auch in der 9. Sinfonie geht es um den Kampf gegen all das, was das Leben des Menschen schwer oder eng macht. Gemeint ist aber nicht ein einzelner Mensch. Es geht um den Menschen im Allgemeinen, also alle Menschen.

Beethoven arbeite an dieser Sinfonie ab 1822. Der größte Teil entstand 1823. Letzte Korrekturen machte er im Frühjahr 1824. Um die Sinfonie verstehen zu können, muss man die politische Situation dieser Zeit kennen.

Beethoven

Mit der Französischen Revolution 1789 entstanden die Ideen von Freiheit, Gleichheit und Brüderlichkeit aller Menschen. Das bedeutete, dass alle Menschen frei leben dürfen (Freiheit), dass nicht einige mehr Rechte und Macht als die anderen haben (Gleichheit) und dass alle Menschen in Frieden miteinander leben und einander helfen (Brüderlichkeit).

[11]**feindlich:** wie ein Feind / eine Feindin (= z. B. jemand, der eine andere Person hasst und ihr schaden will) sein
[12]**leidenschaftlich:** in einem Zustand mit starken Gefühlen wie Liebe oder Wut (= **die Leidenschaft**)

Napoleon Bonaparte wollte diese Ideen in alle Länder Europas bringen. Er wollte, dass die Könige und Kaiser keine Macht mehr haben. Doch er selbst hielt sich bald nicht mehr an die positiven Ideen. 1813 haben schließlich Preußen[13] und Österreich über ihn gesiegt.
1814 fand der „Wiener Kongress", eine Versammlung der wichtigsten Politiker Europas, statt. Dabei wurden Grenzen und Staaten neu geordnet und danach wurde alles wieder wie früher, also vor Napoleon: 1819 wurde die politische Freiheit durch die „Karlsbader Beschlüsse" eingeschränkt[14]. Ab 1824 gab es in Frankreich wieder einen König.

Wiener Kongress

Beethoven wollte mit seiner Sinfonie die Ideen von Freiheit, Gleichheit und Brüderlichkeit noch einmal in einem Musikstück darstellen. Die Sinfonie „erzählt", wie der Mensch leidet, aber genug Kraft hat und an die positive Entwicklung glaubt und so den Weg zur Freude findet.

[13]**Preußen:** Staat, der früher zu Deutschland gehörte
[14]**einschränken:** kleiner / enger machen, begrenzen, weniger Möglichkeiten geben

Ein Triangel

Eine Trommel

Musikalisch schuf Beethoven etwas Neues. Erstens dauerte die 9. Sinfonie über eine Stunde und war damit länger als alle anderen Sinfonien von ihm und anderen Komponisten.
Zweitens war neu, dass im vierten Satz zum Beispiel ein Triangel oder eine große Trommel vorkamen. Diese Instrumente waren nicht üblich.
Die dritte und wichtigste Neuheit war der Chor am Ende des vierten Satzes. Beethoven vertonte Verse aus dem Gedicht „Ode an die Freude" von Friedrich Schiller (1759–1805) aus dem Jahr 1785. In diesem Gedicht beschrieb der Dichter eine Gesellschaft, in der alle Menschen gleichberechtigt und Freunde sind. Das passte zu Beethovens Sinfonie.

Friedrich Schiller

Die 9. Sinfonie wurde ein großer Erfolg und ein Vorbild für viele spätere Komponisten, wie zum

Beispiel Hector Berlioz (1803–1869) aus Frankreich oder Richard Wagner (1813–1883) aus Deutschland. Auch heute noch ist die Sinfonie ein sehr populäres Werk in der klassischen Musik.
Seit 1972 ist das Hauptthema[15] des letzten Satzes die Hymne des Europarats[16]. 1985 wurde die Version ohne Chor von den Staats- und Regierungschefs der Staaten in der Europäischen Union[17] als offizielle Hymne der EU angenommen. Sie steht für Freiheit, Frieden und Solidarität. Und auf Grundlage dieser Werte soll in der EU Politik gemacht werden.

Europa-Flaggen

Bis 1952 wurde die 9. Sinfonie auch in der damaligen Bundesrepublik Deutschland[18] als Ersatz für eine Nationalhymne verwendet. Und bei den Olympischen Spielen 1956, 1960 und 1964 wurde sie als Hymne für eine Olympiamannschaft verwendet, die aus Sportlern und Sportlerinnen aus der DDR und der BRD bestand.
Schon 1970 wurde die Melodie des Chors „Ode an die Freude" vom spanischen Sänger Miguel Ríos unter dem Titel „A Song of Joy" gesungen und zu einem Welthit. Dadurch lernte auch ein Publikum, das normalerweise keine klassische Musik hört, die 9. Sinfonie kennen.

[15]**das Thema:** hier: ein kleiner Teil eines Musikstücks, der gleich oder leicht verändert im Laufe des Stücks wiederholt wird
[16]**der Europarat:** Der Europarat ist eine Organisation, zu der 47 europäische Staaten gehören. Er wurde am 5.5.1949 gegründet. Er soll Demokratie und Menschenrechte fördern. Er soll auch die Zusammenarbeit der Staaten in den Bereichen Wirtschaft, Soziales, Kultur und Wissenschaft fördern.
[17]**die Europäische Union (EU):** Verbund aus 27 demokratischen Staaten in Europa, die in vielen Bereichen zusammen Politik machen wollen
[18]**die Bundesrepublik Deutschland (BRD):** So heißt Deutschland heute offiziell. In der Zeit von 1949 bis 1990 war Deutschland geteilt: Es gab die sozialistische Deutsche Demokratische Republik (DDR) im Osten Deutschlands und einen demokratischen Staat im Westen, die Bundesrepublik Deutschland (BRD). Am 3.10.1990 trat die DDR der BRD bei (Wiedervereinigung). Seitdem sind Ost- und Westdeutschland wieder ein demokratischer Staat.

1982 entstand die Audio-CD als neues Medium für Musik. Es passen genau 74 Minuten auf eine CD. Warum ist das so? Man wollte, dass auf einer CD so viel Platz ist, dass die ganze 9. Sinfonie darauf passt und man sie an einem Stück hören kann! Man orientierte sich dabei an ihrer längsten Version, die 74 Minuten dauert.
Die Notenblätter, auf die Beethoven die 9. Sinfonie selbst von Hand schrieb, befinden sich heute in der Staatsbibliothek zu Berlin. Das sogenannte Autograf wurde 2001 in das Weltdokumentenerbe der UNESCO aufgenommen.

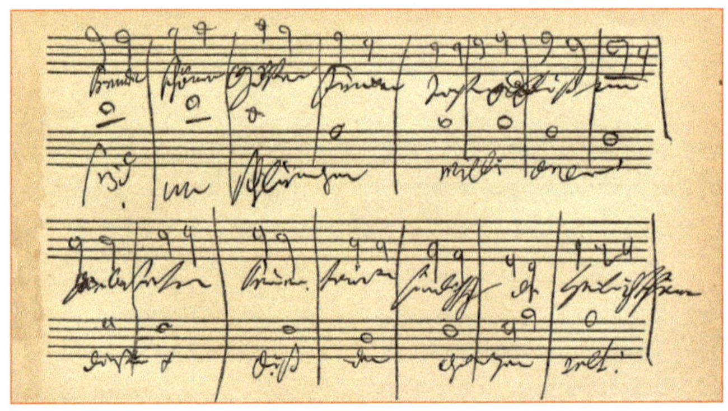

Autograf der 9. Sinfonie

Musik für Klavier

Beethoven komponierte nur Stücke für Klavier mit damals moderner Hammermechanik. Wenn man eine Taste drückt, schlägt ein kleiner „Hammer" gegen die Saiten[19] des Klaviers und bringt sie zum Klingen. Auf diese Weise kann man die Lautstärke[20] des Tons durch die Stärke des Anschlags[21] auf der Taste beeinflussen. Dadurch haben Komponist und Pianist neue Möglichkeiten.

[19]**die Saite:** eine dünne Schnur aus Metall oder Kunststoff, mit der man Töne erzeugen kann z. B. im Klavier (siehe S. 47 rechts im Bild) oder bei einer Gitarre
[20]**die Lautstärke:** die Stärke eines Tons oder Geräuschs; laut oder leise
[21]**der Anschlag:** wenn ein Pianist / eine Pianistin die Klaviertaste nach unten bewegt

Hammermechanik bei einem Klavier

Beethoven nutzte diese Technik für seine Klavierstücke. Er beeinflusste dadurch auch die mechanischen Entwicklungen des Klavierbaus in den ersten drei Jahrzehnten des 19. Jahrhunderts, weil seine Stücke in dieser Zeit so oft gespielt wurden.

Beethoven schrieb 32 Klaviersonaten. Eine Sonate ist ein Musikstück, das aus mehreren Teilen besteht und für ein einzelnes Instrument oder eine kleine Gruppe geschrieben ist. Das Besondere bei Beethovens Sonaten ist die Abwechslung[22]. Das bedeutet, dass kein Stück wie das andere ist. Immer wieder veränderte er die einzelnen Teile, die man „Sätze" nennt.

Beethoven verwendete für den Aufbau der Sonaten ein Prinzip, das es vorher bei anderen Komponisten noch nicht gegeben hatte. Es war also seine Erfindung. Eine Sonate beginnt mit einer langsamen Einleitung und die einzelnen Sätze sind musikalisch miteinander verbunden.

Gleich im ersten Satz der Klaviersonate Nr. 1 wird ein typisches Merkmal[23] von Beethovens Musik deutlich. Im gesamten Satz kann man ein rhythmisches Motiv erkennen. Dazu kommen plötzliche Wechsel der Lautstärke.

Noch deutlicher hört man dieses Prinzip in der Klaviersonate Nr. 14. Im Laufe des Stücks wird das Tempo von Satz zu Satz schneller. Schließlich gibt es ein schnelles, sehr dramatisches Ende. Beim

[22]**die Abwechslung (sich abwechseln):** der regelmäßige Wechsel von Dingen (hier: Aufbau eines Musikstücks)
[23]**das Merkmal:** besondere Eigenschaft einer Sache, mit der man sie von anderen unterscheiden kann

Hören dieser Sonate sollen Bilder im Kopf der Zuhörer und Zuhörerinnen entstehen.

Auch andere Stücke wurden auf diese Art komponiert. Später gab man ihnen passende Namen. Die Sonate Nr. 14 bekam den Namen „Mondscheinsonate". Beethoven schrieb sie, während er in die Gräfin Giulietta Guicciardi verliebt war.

Beethoven beim Komponieren der „Mondscheinsonate"

Beethovens Klaviersonate Nr. 23 mit dem zusätzlichen Namen „Appassionata", den sie aber erst 1838 bekam, ist ebenfalls ein sehr bekanntes Klavierstück. Sie entstand in den Jahren 1804 und 1805. Der Name „Appassionata" bedeutet „Die Leidenschaftliche". Beethovens Klaviersonaten „erzählen" nämlich von vielen Gefühlen. Das ist ebenfalls typisch für Beethovens Sonaten. In den 32 Werken gibt es traurige und fröhliche oder leidenschaftliche Musik. Viele Experten und Expertinnen glauben, dass die Sonate Nr. 23 von den Gefühlen, die Beethoven bei seinen unglücklichen Erfahrungen mit der Liebe gemacht hatte, beeinflusst wurde.

Doch die berühmteste Komposition für Klavier ist ein Stück, das jeder Klavierschüler und jede Klavierschülerin kennt: „Für Elise". Für eine Frau namens Elise schrieb Beethoven es aber wahrscheinlich nicht. Doch warum nennt man das Stück heute trotzdem „Für Elise"?

Der Musikwissenschaftler Ludwig Nohl entdeckte im Jahr 1865 in einem privaten Haus in München ein Notenblatt aus dem Besitz von Beethoven. Auf dem Blatt stand: „Für Elise am 27. April zur

Erinnerung von L. v. Bthvn". Das Blatt ist später jedoch verschwunden und bis heute nicht wieder gefunden worden. Deshalb kann man heute nicht prüfen, ob Ludwig Nohl die Handschrift Beethovens, die man oft nur schwer lesen konnte, vielleicht falsch gelesen hat.

Therese Malfatti von Rohrenbach zu Dezza

Man weiß aber sicher, dass das Stück „Für Elise" im Jahr 1810 entstand. Beethoven hatte den Arzt Johann Baptist Malfatti als Freund und er verliebte sich damals in die Nichte Therese. Anfang Mai 1810 machte er der jungen Frau einen Heiratsantrag. Den lehnte sie jedoch ab.

Die „Mondscheinsonate" und „Für Elise" sind die beiden Stücke von Beethoven, die auch heute noch am meisten gehört werden. Das zeigt eine Statistik von Spotify.

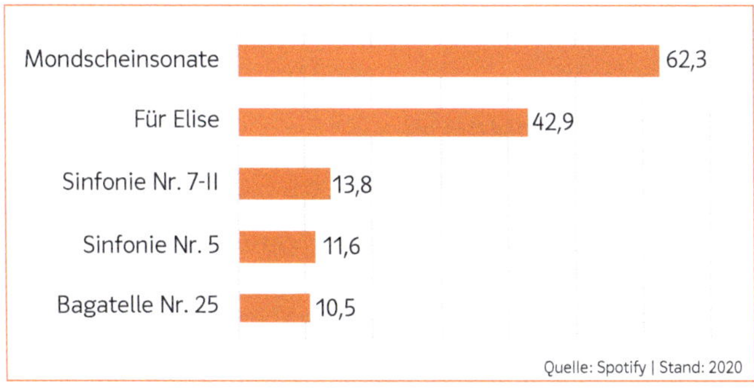

Die am meisten gestreamten Werke Beethovens bei Spotify (in Millionen)

Die einzige Oper: „Fidelio“

Beethovens einzige Oper spielt in einem spanischen Gefängnis im 18. Jahrhundert. Sie erzählt die Geschichte von Leonore, die sich als Mann mit dem Namen Fidelio verkleidet[24]. Sie will ihren Ehemann Florestan aus dem Gefängnis befreien. Er ist unschuldig. Aber er wurde verhaftet, weil er eine andere politische Meinung als der Gouverneur Don Pizarro hat.

Leonore bzw. Fidelio arbeitet nun als Helfer von Rocco, der für das Gefängnis verantwortlich ist, und soll sogar Roccos Tochter heiraten. Leonore schafft es, dass Rocco ihr vertraut. Er erlaubt ihr schließlich, dass sie zu Florestan gehen darf. Dort im Gefängnis entdeckt Leonore ihren Mann, der inzwischen sehr schwach ist und kaum noch lebt.

Doch dann kommt der Gouverneur Don Pizarro in das Gefängnis, um den Gefangenen[25] umzubringen. Auch der Minister möchte das Gefängnis besuchen. Don Pizarro hat Angst, dass der Minister von dem unschuldigen Gefangenen erfährt. Leonore und Rocco sollen deshalb ein Grab[26] für Florestan vorbereiten.

Szene aus der Oper „Fidelio“

Doch als Don Pizarro kommt und Florestan umbringen will, kann Leonore das verhindern. Schließlich erscheint der Minister und lässt alle Gefangenen frei. Leonore und Florestan sind wieder glücklich zusammen.

Beethoven arbeitete an dieser Oper so lange, wie an keinem anderen Werk. Beethoven begann 1803 damit, die Musik zu komponieren. Zwölf Jahre dauerte es, bis die heute bekannte Version fertig wurde.

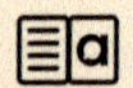

[24]**verkleidet:** wenn man die Kleidung einer anderen Person trägt
[25]**der / die Gefangene:** Person, die im Gefängnis ist
[26]**das Grab:** Stelle auf dem Friedhof, an der eine tote Person beerdigt ist

Den Text schrieb der französische Autor Jean-Nicholas Bouilly. Er nannte die Geschichte „Leonore oder Die eheliche Liebe". Der Text basiert auf einer wahren Geschichte, die während der Französischen Revolution passierte. Den deutschen Text schrieb Joseph Sonnleithner. Wegen der Zensur[27] musste der Text erst noch etwas verändert werden. Dann konnte die Oper mit dem Titel „Fidelio oder Die eheliche Liebe" im November 1805 zum ersten Mal aufgeführt werden.

Doch diese und weitere Aufführungen fanden fast ohne Publikum statt. Die Oper wurde ein Misserfolg. Das lag auch daran, dass viele adlige Fans[28] von Beethoven Wien verlassen hatten. Französische Soldaten waren in die Stadt gekommen. Das Thema der Oper gefiel den Offizieren nicht.

Freunde empfahlen Beethoven, den Text bearbeiten zu lassen. Diese Aufgabe übernahm Beethovens Freund Stephan von Breuning. Er machte den Text kürzer: Aus drei Akten[29] wurden nur noch zwei. Diese Version hieß „Leonore" und hatte im März 1806 Premiere. Das Publikum beachtete aber auch diese Version der Oper nicht.

Eine weitere Bearbeitung war nötig. Den Auftrag dafür gab Beethoven dem Dichter und Regisseur Georg Friedrich Treitschke. Er veränderte viele Szenen, machte den Text noch einmal kürzer und verbesserte ihn sprachlich. Auch der Titel wurde noch einmal geändert. Die Oper hieß jetzt wieder „Fidelio".

Georg Friedrich Treitschke

[27] **die Zensur:** Kontrolle von Medien und Kunst durch den Staat
[28] **der Fan:** Person, die von etwas / jemandem sehr begeistert ist
[29] **der Akt:** Teil einer Oper / eines Theaterstücks; wie ein Kapitel in einem Buch

Die lange Arbeit an der Oper hatte sich gelohnt. Bei der Aufführung am 23. Mai 1814 gab es sehr großen Beifall. Die Oper war nun ein großer Erfolg.
Beethoven komponierte nur *eine* Oper. Trotzdem veränderte diese eine Oper die Art, wie Opern *danach* geschrieben wurden. Bis zu „Fidelio" waren die meisten Opern so genannte „Singspiele". Dabei wechselten sich gesprochene Dialoge mit gesungenen Szenen ab. Beethoven fasste aber einzelne Gesangsszenen zusammen und ließ gesprochene Szenen weg. Dadurch wurde der Wechsel von einer gesprochenen und einer gesungenen Szene unterbrochen. So ist es zum Beispiel am Schluss des ersten Aktes.
Außerdem verwendete Beethoven bei dieser Oper auch musikalische Techniken, die er für seine Sinfonien entwickelt hatte: Das Orchester wurde wichtiger, weil seine Musik nun ein Teil der Handlung wurde. In der Musik spürt man auch die Stimmung der Figuren auf der Bühne.
Die Oper „Fidelio" zeigt den Kampf gegen böse Herrscher und die Liebe eines Ehepaars. Aber das ist nicht alles. In der dritten und letzten Fassung wurde aus der Liebe zwischen Ehefrau und Ehemann die allgemeine Liebe zu den Menschen. Diese neuen Ideen von Menschlichkeit und Gerechtigkeit thematisierte Beethoven auch in seiner 9. Sinfonie.

Kirchenmusik: „Missa solemnis"

Die lateinischen Wörter „Missa solemnis" bedeuten auf Deutsch „feierliche Messe". In der Musik bezeichnet man als „Messe" solche Kompositionen, die Texte der katholischen Zeremonien im Gottesdienst musikalisch umsetzen. Beethovens „Missa solemnis" ist eine sehr wichtige Leistung von Beethoven und in der Musik eine sehr berühmte Messe.

Die „Missa solemnis" war auch für Beethoven selbst ein besonderes Werk. Er brauchte viel Kraft dafür. Er kämpfte mit sich selbst um die richtigen Töne. Sein Sekretär Anton Schindler berichtete später einmal, dass Beethoven oft in seinem Zimmer hin und her ging, sang, weinte und laut mit den Füßen auf den Boden stampfte.

Beethoven bei der Arbeit am Flügel

Das Komponieren dauerte länger, als Beethoven gedacht hatte. Deshalb wurde die Messe nicht pünktlich fertig. Sie sollte eine Art Geschenk für seinen Freund, den Erzherzog Rudolf von Österreich, werden. Sie sollte zum ersten Mal 1820 gespielt werden, als Rudolf in das Amt des Erzbischofs eingeführt wurde. Doch die „Missa solemnis" wurde erst 1823 fertig und im folgenden Jahr im Theater am Kärntnertor zum ersten Mal gespielt.

Theater am Kärntnertor

Die „Missa solemnis" hat fünf Sätze. Eine Aufführung dauert ungefähr 90 Minuten. Man braucht dafür viele Musiker und Musikerinnen. Zu einem Sinfonieorchester kommen eine Orgel, ein Chor und vier Gesangssolisten, also Sänger, die einzelne Teile allein singen. Ein besonderes Element sind die hohen Stimmen, die für den Chor gebraucht werden und schwer zu singen sind.

Auch in diesem Werk zeigt Beethoven seine Fähigkeit, Gefühle wie Angst, Hoffnung oder Liebe in eine dramatische Musik zu bringen. Das Publikum eines Konzerts erlebt diese Gefühle mit.

Beliebt bis heute

Beethoven wollte für die Zukunft komponieren, und das hat er geschafft. Denn bis heute wird seine Musik in Konzerten aufgeführt und im Radio gespielt. Bei den meistverkauften Tonträgern – also Schallplatten, Musikkassetten und CDs – mit Musik klassischer Komponisten findet man Beethoven auf Platz 2. Und auch in einer Liste der Komponisten, deren Musik am meisten gestreamt wird, steht er an zweiter Stelle.

Tonträger: Kassette (links), Schallplatte (hinten), CD (vorn)

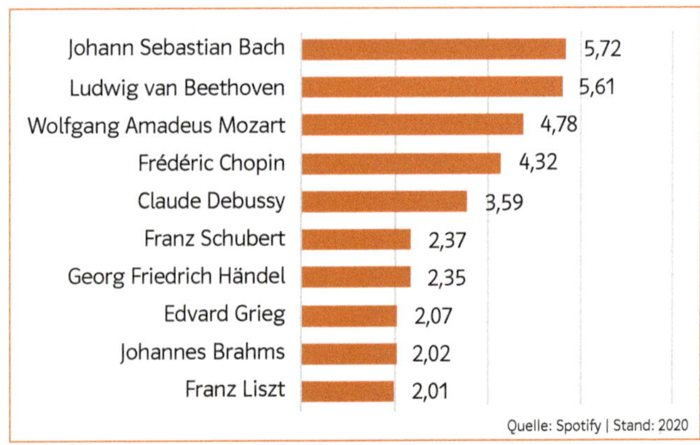

Monatliche Hörer und Hörerinnen der Komponisten, die am meisten bei Spotify gestreamt werden (in Millionen)

Ein Drittel der Menschen in Deutschland mögen auch heute noch klassische Musik, Klavierkonzerte und Sinfonien. Das hat eine Umfrage ergeben. 23,8 Prozent gaben an, dass sie Oper, Operette und Gesang gern hören. Beliebter sind bei der deutschen Bevölkerung heute Musikrichtungen, die im Vergleich zur klassischen Musik später entstanden: Die meisten, mehr als 70 Prozent, mögen Rock- und Popmusik. Rund 65 Prozent mögen Oldies und Evergreens. Auf Platz 3 der beliebtesten Musikrichtungen stehen mit mehr als 45 Prozent die deutschen Schlager.
Die meisten Menschen, die klassische Musik hören, sind über 70 Jahre alt. Eine Umfrage zeigt, dass über die Hälfte der über 70-Jährigen diese Musik gern hört. Bei den 60- bis 69-Jährigen sind es noch etwas mehr als 40 Prozent. Je jünger die Personen, desto weniger mögen sie klassische Musik.

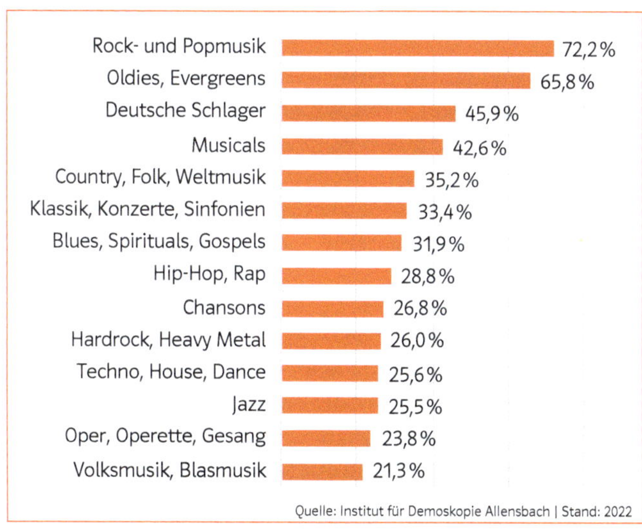

Beliebte Musikrichtungen in Deutschland bei der Bevölkerung ab 14 Jahren

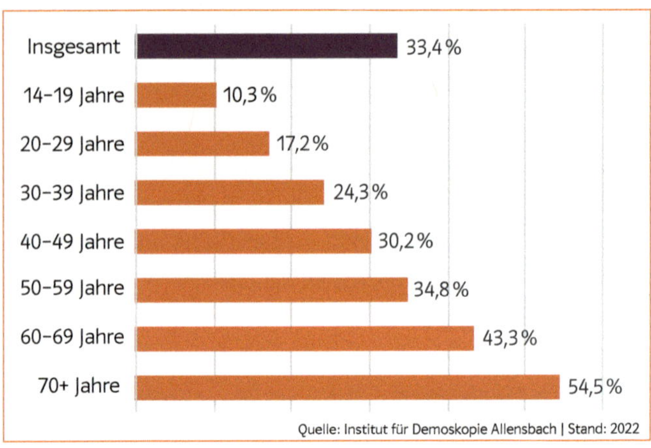

Anzahl der Personen mit Musikpräferenz „Klassische Musik, Klavierkonzerte, Sinfonien" nach Altersgruppen

Nur zehn Prozent der Jugendlichen zwischen 14 und 19 Jahren haben Interesse an klassischer Musik. Sie können sich oft nicht vorstellen, wie ein Komponist, der vor rund 200 Jahren gestorben ist, heute noch wichtig sein kann. Aber auf diese Frage gibt es spannende Antworten.

Die erste Antwort hat etwas mit dem Rhythmus zu tun. Beethoven hielt sich nicht an das Maß der Takte, das zu seiner Zeit üblich war. Das würde man heute als „Off-Beats" bezeichnen. Das gab es zwar schon vor Beethoven, aber er hat es in besonderer Weise genutzt. Und es ist etwas, was heute typisch für Popmusik ist.

Deshalb überrascht es nicht, dass moderne Musiker und Musikerinnen in Rock, Pop und darüber hinaus Beethovens Musik verwenden. Man kann mehrere Beispiele nennen: Die Rock-Band Deep Purple nutzte 1968 Beethovens 7. Sinfonie für den Titel „Exposition / We Can Work it Out". Bei einem Lied der niederländi-

Beethoven

schen Band Ekseption aus dem Jahr 1969 wird bereits im Liedtitel die Verbindung zu Beethoven deutlich. Es heißt „5th Symphony Beethoven". Im Video zum Lied sieht man die Verbindung zu Beethoven deutlich.
1970 erschien das Lied „A Song of Joy" des spanischen Musikers Miguel Ríos. Es verwendete darin die „Ode an die Freude" aus der 9. Sinfonie. Alicia Keys' Lied „Piano & I" aus dem Jahr 2001 beginnt mit der „Mondscheinsonate". Noch weiter geht der Rapper Nas in seinem Lied „I can". Er mischt darin Beethovens Melodie aus „Für Elise" mit seinem eigenen Beat und Sprechgesang.
„Roll over Beethoven" ist sogar ein Lied *über* Beethoven. Es stammt von Chuck Berry. Aber auch Bands wie die Beatles oder die Rolling Stones haben eigene Versionen von diesem Lied gespielt.
Häufig hört man Musikstücke von Beethoven auch in Filmen. Die Komponisten und Komponistinnen der Filmmusik verwenden gern seine Sinfonien und Klavierstücke. Beispiele sind die 5. Sinfonie in dem Zeichentrickfilm „Fantasia" von Walt Disney aus dem Jahr 1940. Im Tanzfilm „Saturday Night Fever" (1977) hört man die 5. Sinfonie in der Disco-Adaption von Walter Murphy. Die 9. Sinfonie kommt im berühmten Film „Uhrwerk Orange" aus dem Jahr 1971 vor und die 7. Sinfonie im Film „The King's Speech" aus dem Jahr 2010. Das Stück „Für Elise" hört man im Film „James

Bond 007 - Lizenz zum Töten" (1989) oder im Film „Django Unchained" (2012) von Tarantino.

Figuren aus der Comicserie „Peanuts": Schroeder, Snoopy und Lucy

In der Comicserie „Peanuts" spielt Schroeder, ein guter Freund von Charlie Brown, ständig verschiedene Lieder von Beethoven auswendig auf seinem Kinderklavier.

Daran sieht man: Beethovens Musik ist unabhängig von musikalischen Trends[30] und wird dies wohl noch sehr lange bleiben. Von Beethovens Leben und Musik erzählen Filme, zahlreiche Bücher, aber auch Comics und Graphic Novels. Es entstanden viele Geschichten über den Musiker. Manche sehen in ihm ein Genie[31] und für einige ist Beethoven sogar zum Mythos[32] geworden.

Beethoven-Denkmal in Bonn

Dass Beethoven in Erinnerung bleibt, dafür sorgt auch das „Beethoven-Haus Bonn". Das Museum hat die Aufgabe, über das Leben und die Werke von Beethoven zu forschen und zu informieren. Das Museum zeigt Musikinstrumente und Gegenstände aus Beethovens Leben und macht Angebote für den Unterricht in Schulen.

[30] **der Trend:** eine Entwicklung in eine bestimmte Richtung; wenn viele etwas machen / denken / mögen
[31] **das Genie:** Person, die etwas ungewöhnlich gut kann und ein besonderes Talent hat (z. B. Künstler / Künstlerin)
[32] **der Mythos:** hier: Person, die sehr bewundert wird

Übungen zum Leseverstehen

Intensive Arbeit und langer Erfolg

1. An welchen Orten arbeitete Beethoven? Kreuze an.

a) In seinem Bett ☐
b) An seinem Schreibtisch ☐
c) In der Bibliothek ☐
d) Im Gasthaus ☐
e) Am Klavier ☐
f) Unter einem Baum ☐

2. Eine Wissenschaftlerin schreibt über Beethoven. Ergänze die Wörter.

weitergeht | baute | erreichte | Überraschungen | dramatisch

Beethoven baute seine Stücke oft ____________________ **(1)** auf. Viele Lieder enden mit einem großen Finale. Aber am Anfang weiß man noch nicht, wie das Stück ____________________ **(2)**. Oft gibt es ____________________ **(3)**. Beethoven ____________________ **(4)** nämlich immer etwas ein, was man nicht erwartet. Mit Beethovens Musik ____________________ **(5)** die „Wiener Klassik" ihren Höhepunkt.

Die 3. Sinfonie

3. Beethoven und Napoleon. Bring die Sätze in die richtige Reihenfolge.

a) Beethoven wollte nach Paris ziehen.
b) Napoleon wurde Kaiser von Frankreich.
c) Beethoven war enttäuscht.
d) Napoleon hatte positive Ideen für die Menschen.
e) Beethoven wollte die 3. Sinfonie „Bonaparte" nennen.

Die 5. Sinfonie

4. Was drückte Beethoven in der 5. Sinfonie in Tönen aus? Und was tat er selbst? Sortiere die Verben.

donnern | spazieren gehen | blitzen | komponieren | regnen | nachdenken

Was Beethoven komponierte	Was Beethoven selbst tat

5. Warum passt auch der Titel „Pastorale" zur 5. Sinfonie? Ergänze den Nebensatz.

Der Titel passt, weil … ____________________

____

____

Die 9. Sinfonie

6. Was bedeuten die Wörter? Streiche das falsche Wort durch.

a) Freiheit = Alle Menschen **dürfen / müssen** frei leben.
b) Gleichheit = Alle Menschen haben die gleichen **Rechte / Herrscher**.
c) Brüderlichkeit = Alle Menschen **lieben / helfen** sich.

7. Was war neu an der 9. Sinfonie? Kreuze die richtigen Antworten an.

a) Am Anfang gab es vier leise Töne. ☐
b) Sie war kürzer als alle anderen Sinfonien. ☐
c) Es spielten unübliche Instrumente mit. ☐
d) Am Ende gab es einen Chor. ☐
e) Friedrich Schiller komponierte einen Teil. ☐

8. **Wann wurde die 9. Sinfonie wozu verwendet? Verbinde die Jahreszahlen mit den verschiedenen Zwecken.**

a) 1952
b) 1956
c) 1960
d) 1964
e) 1970
f) 1972
g) 1982
h) 1985

1 Als Vorlage für ein Lied von Miguel Ríos
2 Als Hymne des Europarats
3 Als Ersatz für die Nationalhymne der BRD
4 Als Hymne der Europäischen Union
5 Als Hymne für eine Olympiamannschaft
6 Als Orientierung für die Länge einer CD

Musik für Klavier

9. **Was ist richtig (✓), was ist falsch (×)? Kreuze an.**

	✓	×
a) Beethoven hat die Hammermechanik erfunden.	☐	☐
b) Beethoven schrieb über 30 Klaviersonaten.	☐	☐
c) Beethovens Klaviersonaten beginnen schnell.	☐	☐
d) In den Sonaten ist die Lautstärke immer gleich.	☐	☐
e) In den Sonaten drückt Beethoven Gefühle aus.	☐	☐

Die einzige Oper: „Fidelio"

10. **Was ist der Unterschied zwischen „Fidelio" und einem Singspiel? Kreuze die richtige Antwort an.**

a) Ein Singspiel ist immer lustig. „Fidelio" ist ernst. ☐
b) Bei einem Singspiel wechselt immer eine gesprochene mit einer gesungenen Szene. Bei „Fidelio" nicht. ☐
c) Ein Singspiel hat gesungene und gesprochene Szenen. „Fidelio" nicht. ☐

11. Eine Opernbesucherin erzählt von einer Aufführung von „Fidelio". Ergänze die Nachricht an eine Freundin.

Meinung | befreien | verkleidet | umzubringen | anders | nennt

Gestern sah ich die Oper „Fidelio" von Ludwig van Beethoven. Es geht um eine junge Frau, die Leonore heißt. Sie ____________ **(1)** sich als Mann und ____________ **(2)** sich Fidelio. Leonore will ihren Ehemann Florestan aus dem Gefängnis ____________ **(3)**. Florestan hat nichts Böses getan, er hat nur eine andere ____________ **(4)** als der Gouverneur Don Pizarro. Als dieser versucht, den gefangenen Florestan ____________ **(5)**, kann Leonore ihn retten. Diese Oper ist ganz ____________ **(6)** als die Singspiele, die ich bis jetzt kannte. Es war wunderbar!

Kirchenmusik: „Missa solemnis"

12. Was und wen braucht man für die „Missa solemnis"? Kreuze an.

- ☐ Trommel
- ☐ Orchester
- ☐ Triangel
- ☐ Orgel
- ☐ Klavier
- ☐ Chor
- ☐ Flöte
- ☐ Solisten / Solistinnen

Beliebt bis heute

13. Beethovens Musik ist bis heute beliebt. Warum? Ergänze die Sätze.

Beethovens Musik ist bis heute beliebt, …

… weil ____

… weil ____

… weil ____

14. Klassische Musik ist in verschiedenen Altersgruppen unterschiedlich stark beliebt. Welches Alter zeigen die Schaubilder? Notiere.

14–19 Jahre | 60–69 Jahre | 70+ Jahre

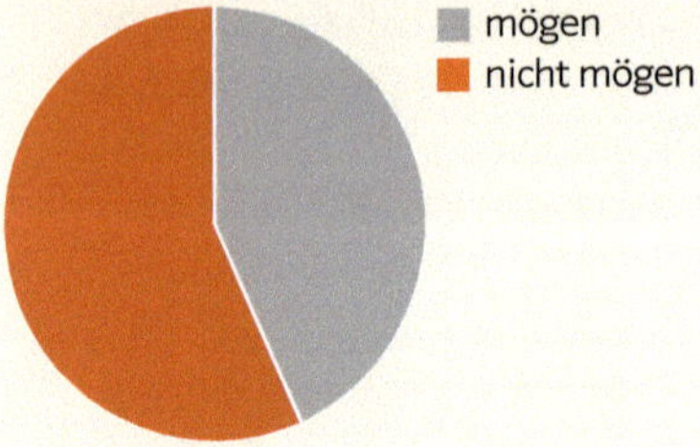

mögen
nicht mögen

a) ______________________

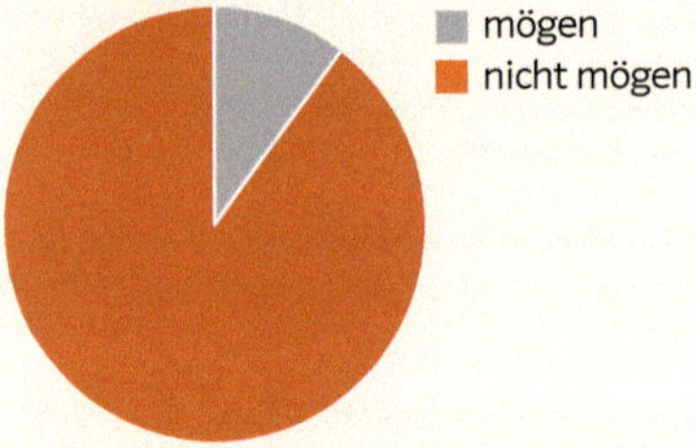

mögen
nicht mögen

b) ______________________

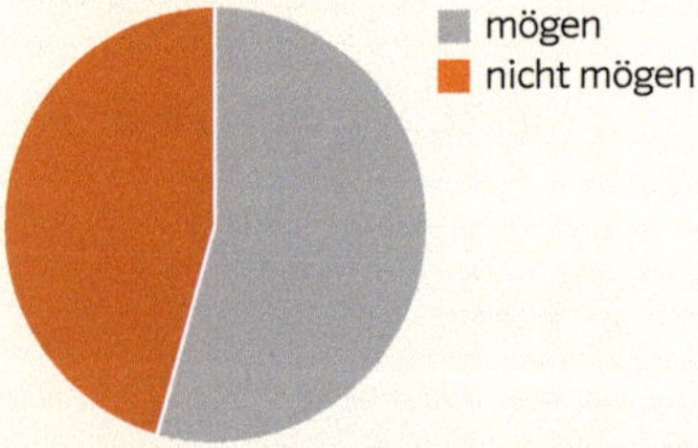

mögen
nicht mögen

c) ______________________

Quelle: Institut für Demoskopie Allensbach | Stand: 2022

Erfolg, Behinderung[1] und Inklusion[2]

Den größten Teil seines Lebens hatte Beethoven mehrere Krankheiten. Ab seinem 27. Lebensjahr bemerkte Beethoven Schwierigkeiten beim Hören, vor allem bei den hohen Tönen. Es wurde schwieriger für ihn, akustisch zu verstehen, was andere Menschen sagten. Beethoven hatte auch Tinnitus. Vermutlich ab dem 48. Lebensjahr war Beethoven gehörlos.

Für einen Musiker und Komponisten ist das das Ende der Karriere, könnte man meinen. Beethoven aber bewies das Gegenteil. Wie konnte er weiter Musik komponieren, ohne sie zu hören?

Beethoven nutze zunächst noch Hörrohre (siehe S. 22), um besser hören zu können. Beim Komponieren legte er zum Beispiel einen Stab aus Holz auf den Flügel und nahm das eine Ende in den Mund. So konnte er den Klang der Töne durch die Vibration[3] des Holzstabes spüren. Außerdem soll er die Beine des Klaviers entfernt haben, damit es direkt auf dem Boden stand und er die Schwingungen der Töne dadurch besser fühlen konnte.

Beethoven hatte außerdem eine sehr gute musikalische Ausbildung. Dadurch kannte er die Musiktheorie. Wichtiger war aber, dass er lange Zeit hörend Musik gemacht und komponiert hatte. Dadurch war in seinem sehr guten musikalischen Gedächtnis[4] gespeichert, wie die Töne und Instrumente klingen. Er konnte sich

[1]**die Behinderung:** Man spricht von Behinderung, wenn Menschen eine körperliche, seelische oder intellektuelle Beeinträchtigung oder eine Beeinträchtigung der Sinne (z.B. Sehen oder Hören) haben (individuelle und persönliche Ebene) und verschiedene Barrieren (in ihrer Umwelt oder durch Einstellungen anderer Menschen) dazu führen, dass die vollständige und gleichberechtigte Teilhabe an der Gesellschaft verhindert oder eingeschränkt wird (gesellschaftliche Ebene). Auch chronische Krankheiten können eine Behinderung sein.

[2]**die Inklusion:** Jeder Mensch soll die gleichberechtigte Möglichkeit haben, an der Gesellschaft teilzuhaben (= mitmachen). Dies soll nicht von individuellen Voraussetzungen (z.B. eine / keine Behinderung haben) abhängig sein. Unterschiede sind normal. Es sollen Strukturen geschaffen werden, die eine gleichberechtigte Teilhabe möglich machen.

[3]**die Vibration:** kleine Bewegungen, die durch eine Schwingung (= regelmäßige Bewegung) entstehen, hier: durch Töne

[4]**das Gedächtnis:** Erinnerung

auch erinnern, wie sich die Instrumente zusammen anhören. Das Komponieren passierte also im Kopf. Vielleicht konnte Beethoven neue Stücke sogar mit mehr Freiheit komponieren, weil er die Stücke anderer Musiker nicht mehr hören konnte und deshalb nicht von ihnen beeinflusst wurde?

Beethoven hatte Gefühle wie Verzweiflung, Einsamkeit und Traurigkeit. Gleichzeitig arbeitete er intensiv weiter. Zum Beispiel komponierte er die berühmte 9. Sinfonie, als er bereits nichts mehr hören konnte, zu Ende und dirigierte weiterhin selbst. Was für eine Leistung!

Dabei unterstützte die Gesellschaft seiner Zeit Menschen mit Behinderung keinesfalls ausreichend. Beethoven verlor viele soziale Kontakte und er zog sich immer mehr zurück. Außerdem waren die Möglichkeiten der Medizin damals noch sehr begrenzt. Würde Beethoven heute leben, hätte seine Hörbehinderung sehr wahrscheinlich andere Auswirkungen[5] auf sein Leben.

In den nächsten Kapiteln geht es um einige weitere Personen, die durch großen Erfolg in einem bestimmten Bereich - etwa in der Kunst, Wissenschaft oder Politik, im Sport und bei der Arbeit - bekannt geworden sind, und das mit Behinderung. Dabei soll es auch um das Thema Inklusion gehen.

Inklusion als Ziel

Im Jahr 2006 haben über 100 Staaten einen Vertrag der Vereinten Nationen (UN) über den Schutz der Menschenrechte[6] von Personen, die eine Behinderung haben, unterschrieben. Auch Deutschland gehört zu diesen Ländern. In der Verfassung[7] der Bundesrepublik Deutschland heißt es seit 1994 außerdem: „Niemand darf

[5]**die Auswirkung:** Wirkung, Konsequenz
[6]**die Menschenrechte (Pl.):** die Rechte, die alle Menschen auf der ganzen Welt haben sollen (z. B. das Recht auf Leben, Freiheit und Sicherheit)
[7]**die Verfassung:** die wichtigsten Regeln in einem Staat; In der Verfassung steht, wie der Staat organisiert ist und welche Grundrechte die Menschen haben. In Deutschland heißt die Verfassung „Grundgesetz". Hier: Zitat aus Artikel 3 (Absatz 3 Satz 2) des Grundgesetzes

wegen seiner Behinderung benachteiligt[8] werden." Das bedeutet, dass der Staat dafür sorgen muss, dass Menschen mit und ohne Behinderung gleichberechtigte Möglichkeiten in allen Bereichen des Lebens haben.

Das Konzept der Inklusion soll dies unterstützen. Das bedeutet: Alle gesellschaftlichen Bereiche - zum Beispiel Bildung, Beruf oder Freizeit - werden so organisiert, dass sowohl Menschen mit Behinderung als auch Menschen ohne Behinderung gleichberechtigt teilhaben[9] können. Barrieren[10] sollen verschwinden.

Zum Beispiel brauchen Menschen mit einer Sehbehinderung einen Signalton, der sie darauf aufmerksam macht, dass die Ampel grün ist. Für Menschen, die einen Rollstuhl[11] benutzen, ist in einem Gebäude ein Lift oder eine Rampe[12] wichtig. Aber wie sieht die Situation tatsächlich aus?

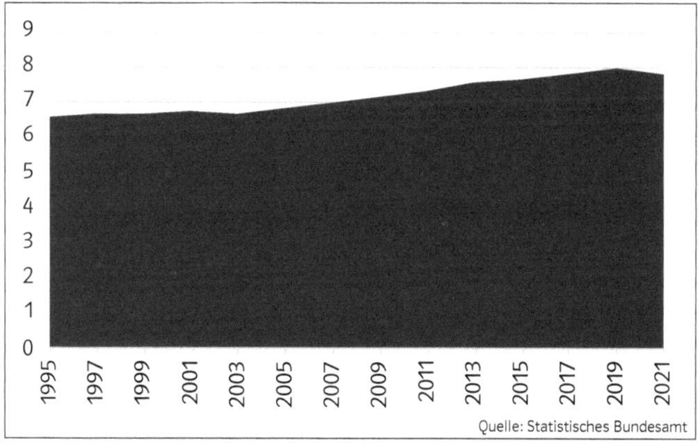

Anzahl von Menschen in Deutschland, die eine Schwerbehinderung haben, in den Jahren 1995–2021 (in Millionen)

[8]**jmd. benachteiligen:** eine Person schlechter behandeln als andere oder einer Person keine gleichberechtigten Möglichkeiten geben; diskriminieren
[9]**teilhaben:** teilnehmen, mitmachen
[10]**die Barriere:** steht im Weg, macht etwas schwierig oder verhindert etwas
[11]**der Rollstuhl:** Stuhl auf Rädern für Menschen, die nicht gehen können
[12]**die Rampe:** eine schräge Fläche, über die ein Rollstuhl oder ein Fahrzeug eine höhere oder tiefere Ebene erreichen kann

Ende 2021 lebten in Deutschland rund 7,8 Millionen Menschen, die eine Schwerbehinderung[13] haben. Das sind knapp 10 Prozent der Gesamtbevölkerung. Die Zahl ist in den letzten Jahrzehnten gestiegen. Sehr wahrscheinlich gibt es aber mehr Menschen mit Schwerbehinderung, denn nicht alle sind offiziell gemeldet.
Die Ursachen einer Behinderung sind unterschiedlich. Das Kuchendiagramm zeigt, dass meistens eine Krankheit der Grund dafür ist. Drei Prozent der Behinderungen sind schon bei der Geburt da oder zeigen sich bis zum ersten Geburtstag. Ein Prozent aller Schwerbehinderungen entstehen durch einen Unfall oder eine Berufskrankheit.

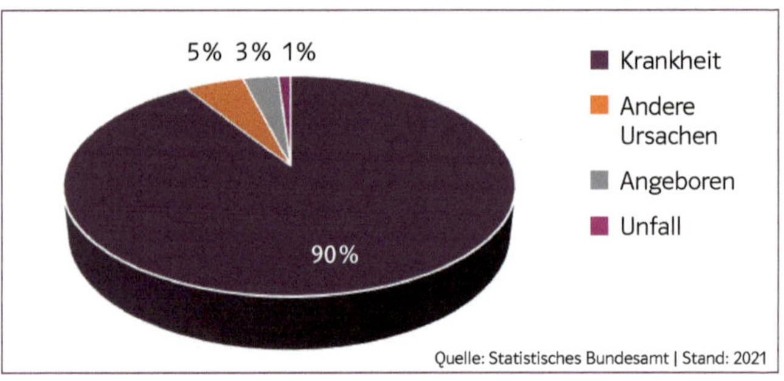

Ursachen von Behinderung

Mit 50,3 Prozent sind etwas mehr als die Hälfte der Menschen in Deutschland, die eine Schwerbehinderung haben, Männer. Etwas weniger als die Hälfte, nämlich 49,7 Prozent, sind Frauen.
Mit dem Alter steigt die Anzahl der Personen, die eine Schwerbehinderung haben. Nur 2,5 Prozent der Menschen mit Schwerbehinderung sind Kinder und Jugendliche. Rund ein Fünftel sind zwischen 55 und 64 Jahren. Mehr als die Hälfte sind 65 Jahre oder älter.

[13] **die Schwerbehinderung:** In Deutschland werden Behinderungen mit einem Grad von mindestens 20 bis 100 angegeben. Eine Behinderung mit einem Grad von mindestens 50 ist eine Schwerbehinderung.

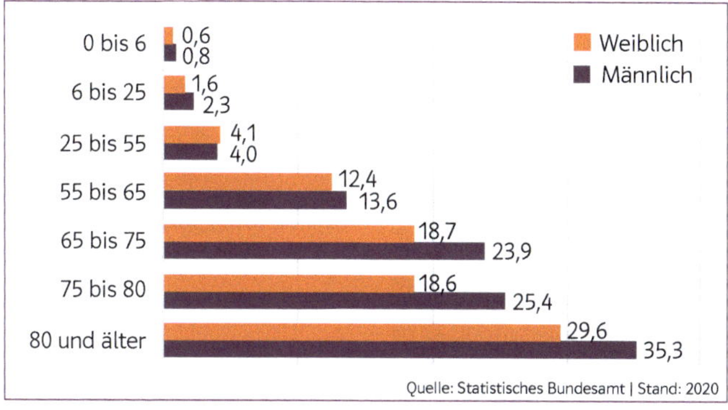

Anteil von Menschen in Deutschland, die eine Schwerbehinderung haben, an der jeweiligen Bevölkerung im Jahr 2020 (in Prozent)

Viele Personen, die eine Behinderung, eine chronische Krankheit oder eine psychische Krankheit haben, fühlen sich in mehreren Bereichen der Gesellschaft benachteiligt. Dies gilt vor allem für den öffentlichen Raum, das heißt in öffentlichen Verkehrsmitteln, bei Eingängen von Häusern oder Geschäften oder bei Kultur- und Freizeitangeboten wie Kino oder Theater.

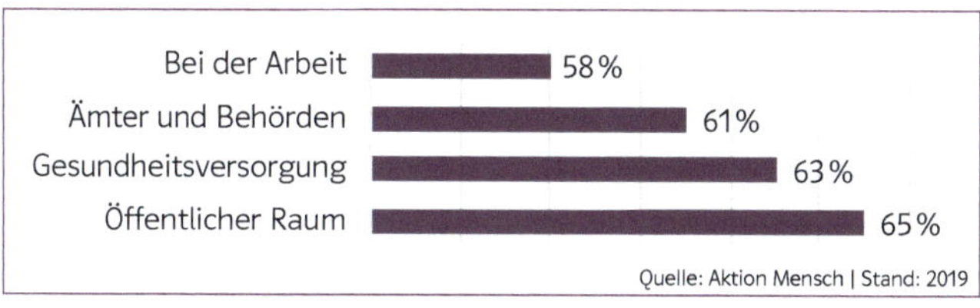

In diesen Bereichen fühlen sich Menschen, die eine Behinderung, chronische Krankheit oder eine psychische Krankheit haben, in Deutschland diskriminiert.

Das Ergebnis einer Umfrage zeigt, dass sich deutlich mehr als die Hälfte der Menschen mit Behinderung in Ämtern und Behörden diskriminiert[14] fühlen. Dabei sollten sich staatliche Behörden doch an die Verfassung halten!

[14]**diskriminieren:** jmd. schlechter behandeln als andere, jmd. benachteiligen

Kunst schaffen

Die Schlagzeugerin und Komponistin **Evelyn Glennie** (*1965) fing mit zwölf Jahren an, verschiedene Instrumente zu spielen. Doch gleichzeitig wurde ihre Fähigkeit zu hören wegen einer Nervenkrankheit schlechter. Einige Jahre später konnte sie fast nichts mehr hören.

Evelyn Glennie am Schlagzeug

Aber sie gab die Musik deswegen nicht auf und fand einen eigenen Weg, mit ihrer Behinderung umzugehen. Sie macht barfuß[15] Musik. Sie hat gelernt, die Töne über Vibrationen zu erkennen und zu unterscheiden. Auch die Geräusche ihrer Umgebung erlebt Evelyn Glennie über die Schwingungen, die von ihnen kommen. „Ich höre mit meinen Augen, Ohren, meinem Körper", sagt die Musikerin immer wieder in Interviews.

Sie engagiert sich dafür, dass schwerhörige und gehörlose Menschen Musik erleben können. Zum Beispiel zeigt sie schwerhörigen Kindern in Workshops, wie sie Töne und Musik mit ihrem Körper spüren können.

Auch der italienische Sänger **Andrea Bocelli** (*1958) hat eine körperliche Behinderung. Er wurde mit Glaukom geboren. Das ist eine Krankheit des Sehnervs. Je älter er wurde, desto schlechter konnte er sehen.

Mit sechs Jahren hatte er zum ersten Mal Klavierunterricht. Außerdem lernte er andere Instrumente. Wegen seiner Krankheit hatte

[15]**barfuß:** mit dem nackten Fuß; ohne Schuhe und Socken

er 27 Operationen. Aber Andrea Bocelli wurde mit zwölf Jahren blind, nachdem ihn beim Fußballspielen ein Ball am Kopf getroffen hatte.

Später machte Andrea Bocelli Abitur, studierte Rechtswissenschaft, dann Gesang. Und schließlich wurde er zu einem Weltstar.

Andrea Bocelli

Die beiden zeigen, dass es für einen Menschen mit Behinderung möglich ist, ein großer Künstler oder eine große Künstlerin zu werden. Aber sie sollten keine Ausnahmen bleiben. Kunst und Kultur können eine besondere Rolle dabei spielen, die Idee der Inklusion in einer Gesellschaft zu stärken.

Das beginnt mit der Frage: Wer oder was entscheidet, wie man eine künstlerische Form „richtig" macht? Gibt es nicht verschiedene Arten und Weisen, Kunst zu machen? Auch ein Tänzer im Rollstuhl kann einen Tanz, eine Situation oder Gefühle darstellen. Und eine Musikerin kann Töne zum Beispiel am Horn (siehe S. 38) mit dem Fuß statt mit der Hand erzeugen.

Dabei entstehen auch neue künstlerische Formen. Wenn Menschen mit und ohne Behinderung gleichberechtigt in Konzerten, im Theater oder in Filmen zu sehen sind, gemeinsam auf einer Bühne stehen und ihre Kunst ganz selbstverständlich ist, dann ist das eine wichtige Botschaft. Es kann die Einstellung der Gesellschaft zur Behinderung verändern.

Große Leistungen in der Wissenschaft

Der berühmte Physiker **Stephen Hawking** (1942–2018) unterrichtete an der Universität Cambridge in Großbritannien und arbeitete in der Forschung.

Stephen Hawking

Als er 21 Jahre alt war, stellte man bei ihm eine Krankheit fest, bei der die Muskeln mit der Zeit schwächer und kleiner werden. Dadurch werden die Bewegung und Funktionen der Organe immer mehr eingeschränkt. Stephen Hawking konnte sich ab 1985 nur mit Hilfe eines Sprachcomputers mit anderen unterhalten.

Er arbeitete weiter als Wissenschaftler für Astronomie und Physik. Er beschäftigte sich dabei vor allem mit dem Anfang des Universums. Er gilt heute als ein sehr wichtiger Physiker.

In der Politik Barrieren überwinden[16]

Menschen, die eine Behinderung haben, erleben leider immer wieder, dass zum Beispiel ihr Arbeitsplatz ihnen keine gleichberechtigten Möglichkeiten bietet. Auch Politikern und Politikerinnen, die eine Behinderung haben, geht das so. Zum Beispiel musste ein Abgeordneter[17] in einem Stadtparlament jahrelang von seinen Kollegen 48 Stufen in den Raum, in dem die Versammlungen stattfanden, getragen werden, weil ein Lift fehlte. Dieses Beispiel zeigt sicher einen Grund dafür, warum es für Personen mit Behinderung immer noch schwieriger ist, Karriere zu machen.

[16]**überwinden:** hier: trotz Barrieren einen Ort / ein Ziel erreichen oder etwas Schwieriges schaffen
[17]**der / die Abgeordnete:** ein gewähltes Mitglied eines Parlaments

Wolfgang Schäuble (*1942) wurde 1984 zum ersten Mal Bundesminister. Damals hatte er noch keine Behinderung. Am 12. Oktober 1990 schoss ein Attentäter[18] mit einer Pistole[19] auf ihn und traf ihn im Rücken. Dieses Ereignis hat sein Leben sehr stark verändert. Seitdem ist Wolfgang Schäuble gelähmt[20] und er benutzt einen Rollstuhl.

Wolfgang Schäuble

Er hat weiterhin wichtige Aufgaben in der deutschen Politik übernommen. Zum Beispiel war er Innenminister und Finanzminister. Zuletzt war Wolfgang Schäuble von 2017 bis 2021 Bundestagspräsident[21]. Inzwischen ist er pensioniert.

Malu Dreyer (*1961) wurde im Jahr 2013 zum ersten Mal Ministerpräsidentin des Bundeslandes Rheinland-Pfalz. Bereits im Jahr 1995 wurde bei ihr im Alter von 30 Jahren die Krankheit Multiple Sklerose, abgekürzt MS, festgestellt. Deshalb braucht sie bei längeren Wegen einen Rollstuhl.

Malu Dreyer

Multiple Sklerose ist eine Entzündung des zentralen Nervensystems. Sie schadet dem Gehirn[22] und dem Rückenmark.

[18]**der Attentäter / die Attentäterin:** hier: Person, die versucht, jemanden umzubringen
[19]**die Pistole:** eine Waffe, die man in der Hand hat, um zu schießen
[20]**gelähmt:** wenn man bestimmte Muskeln nicht bewegen kann
[21]**der Bundestagspräsident / die Bundestagspräsidentin:** Person, die die Versammlungen des Parlaments leitet
[22]**das Gehirn:** Organ im Kopf, mit dem man denkt

Die Krankheit beginnt meist bei jungen Erwachsenen. In Deutschland leben mehr als 280 000 Personen, die MS haben. Jährlich wird MS bei mehr als 15 000 Menschen neu festgestellt. Frauen bekommen diese Krankheit etwa doppelt so häufig wie Männer.
Wie schafft Malu Dreyer den so anstrengenden Alltag in der Politik mit langen Arbeitstagen und vielen Terminen? Sie sagte einmal, dass ihr stressiger Beruf ihrer Gesundheit nicht schaden würde, weil es ein positiver Stress sei. Die Aufgabe würde ihr sogar Kraft geben.
Aber sie erlebt auch manchmal Situationen, in denen ihr die Krankheit deutlich zeigt, dass nicht alles möglich ist. In einem Interview mit der „Zeit" sagte sie: „Mein Kopf denkt die Beine nicht mit. Manchmal sehe ich jemanden und will spontan auf ihn zugehen und merke erst eine Sekunde später: So schnell, wie ich das will, kann ich das gar nicht."
Sowohl Wolfgang Schäuble als auch Malu Dreyer haben es unter schwierigen Bedingungen geschafft, ihre herausfordernden Aufgaben in der Politik zu erfüllen.

Höchstleistungen im Sport

Im Bereich des Sports scheint die Inklusion oft zu funktionieren. Sportler und Sportlerinnen mit Behinderung sind in Sportvereinen organisiert und machen bei Wettbewerben mit. Noch viel zu selten gibt es Sportgruppen, in denen Personen mit und ohne Behinderung gemeinsam Sport machen. Zum Beispiel trainieren in einem Tischtennisverein im Stuttgarter Stadtteil Zuffenhausen Sportler und Sportlerinnen mit und ohne Lernschwierigkeiten zusammen.
Die Paralympischen Spiele, auch **Paralympics** genannt, sind Sportwettbewerbe für Sportler und Sportlerinnen mit körperlicher

Behinderung, die der Idee der Olympischen Spiele folgen. Die Zahl der Teilnehmer und Teilnehmerinnen ist in den letzten zwanzig Jahren kontinuierlich gestiegen.

Aber die Paralympics sind nicht Teil der Olympischen Spiele. Die Paralympics finden immer erst *nach* den Olympischen Sommer- bzw. Winterspielen statt. Ist das Inklusion?

Basketball der Frauen (Deutschland gegen Japan) bei den Paralympics in Tokyo (2020)

Für Menschen mit intellektueller Behinderung[23] und Mehrfachbehinderung[24] sieht die Situation wieder etwas anders aus. Sie nehmen nicht an den Paralympics teil. 1968 wurde von Eunice Kennedy-Shriver, einer Schwester des damaligen US-amerikanischen Präsidenten John F. Kennedy, die Organisation **Special Olympics** gegründet. Sie ist vom Internationalen Olympischen Komitee offiziell anerkannt und darf sich deshalb „Olympics" nennen.

Special Olympics gibt es heute in 174 Ländern, in Deutschland seit 1991. Die weltweiten Wettbewerbe finden alle zwei Jahre statt. Wenn man einen solchen Wettbewerb als Zuschauer oder Zuschauerin besucht, sieht man meist glückliche Gesichter. Das sollte ein Vorbild für alle sportlichen Wettbewerbe sein.

Siegerehrung bei den Special Olympics in Großbritannien (2017)

[23]**die intellektuelle Behinderung:** auch: geistige Behinderung, mit Lernschwierigkeiten; Eine beeinträchtigte Intelligenz kann auch die Fähigkeit, ein selbstständiges Leben zu führen, beeinträchtigen.
[24]**die Mehrfachbehinderung:** wenn eine Person gleichzeitig mehrere verschiedene Arten von Behinderung hat

Gelebte Inklusion im Beruf

Menschen mit Behinderung haben immer noch größere Schwierigkeiten, einen geeigneten Arbeitsplatz zu finden. Im Jahr 2021 waren nur knapp 57 Prozent der Menschen mit Behinderung zwischen 15 und 64 Jahren berufstätig[25] oder arbeitssuchend. Bei Menschen ohne Behinderung waren es knapp 82 Prozent, also deutlich mehr.

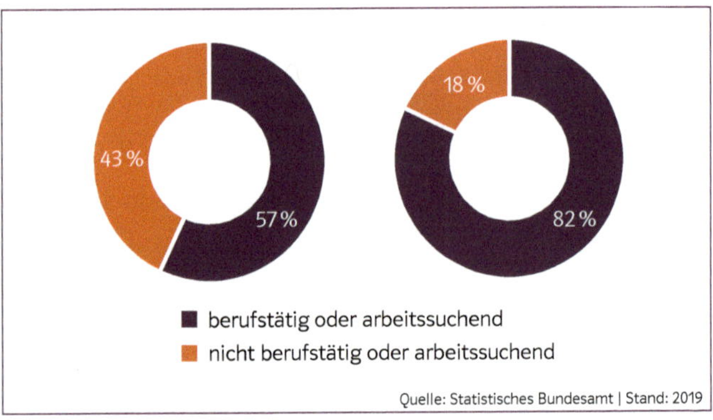

Teilhabe von Menschen mit Behinderung (links) und Menschen ohne Behinderung (rechts) im Alter von 15 bis 64 Jahren am Berufsleben in Deutschland

Stella Lingen

Stella Lingen studiert Medizin und möchte Ärztin werden. Das ist nichts Ungewöhnliches. Doch Stella Lingen hat einen „Begleiter", der ihr Leben beeinflusst. Sie nennt ihn „Steve", aber damit ist keine Person gemeint. Es ist das Tourette-Syndrom.

[25]**berufstätig:** in einem Beruf arbeitend

Das ist eine Krankheit des Nervensystems[26] und Gehirns. Der französische Arzt Georges Gilles de la Tourette hat die Krankheit 1827 zum ersten Mal beschrieben. Daher wurde sie nach ihm benannt.
Menschen mit Tourette-Syndrom haben eine chronische[27] Tic-Störung. Tics sind Bewegungen, Laute[28], Wörter oder ganze Sätze, die plötzlich auftreten, schnell geschehen und sich wiederholen.
Meistens bekommt man die Krankheit zwischen dem 6. und 8. Lebensjahr. Bei über 93 Prozent der Menschen mit dieser Krankheit beginnen die Tics vor dem 11. und bei 99 Prozent vor dem 15. Lebensjahr.
Bei Stella Lingen begannen die Tics, als sie 21 Jahre alt war. Das ist untypisch. Zuerst fing es mit schnellen, kurzen Bewegungen einzelner Muskeln an oder ihr ganzer Körper hat gezuckt[29]. Dann kamen stärkere Armbewegungen und schließlich Laute und Wörter hinzu. Die Tics können auf andere Menschen merkwürdig und irritierend wirken. Aber Stella Lingen möchte sich ihren Berufswunsch erfüllen, eine eigene Praxis eröffnen und als Hausärztin arbeiten.
Sie arbeitet bereits in einem Krankenhaus. In Gesprächen mit Patienten und Patientinnen schafft sie es oft, die Tics zu unterdrücken[30]. Sie hat gelernt, mit „Steve", ihrem Tourette-Syndrom, zu leben. Neuen Kollegen und Kolleginnen erzählt sie offen davon. Wenn es in einer Situation notwendig ist, dann erzählt sie auch einem Patienten oder einer Patientin von ihrer Krankheit und erklärt sie. Sie hat sogar schon die Erfahrung gemacht, dass sich durch ihren Tic zum Beispiel eine unangenehme Situation in der Notaufnahme entspannt hat.

[26] **das Nervensystem:** alle Nerven des menschlichen Körpers, mit denen dieser gesteuert wird
[27] **chronisch:** so, dass eine Krankheit sehr lange dauert oder nie aufhört
[28] **der Laut:** etwas, das mit dem Mund erzeugt wird und das man hören kann
[29] **zucken:** sich sehr schnell bewegen
[30] **unterdrücken:** hier: machen, dass die Tics nicht passieren

Stella Lingen macht aber auch negative Erfahrungen, zum Beispiel wenn sie Schimpfwörter[31], Beleidigungen oder schlechte Wörter wegen ihrer Krankheit sagt. Was denkt eine Person, der in einem alltäglichen Gespräch plötzlich „Halt die Fresse!"[32] zugerufen wird? Nicht jeder Mensch reagiert darauf ganz locker.

Die Krankheit ist noch wenig bekannt. Stella Lingen hat deshalb entschieden, über ihre Krankheit aufzuklären[33]. Dafür tritt sie in verschiedenen Medien auf und hat einen eigenen Kanal auf YouTube, wo sie locker, aber sachlich über sich, ihre Krankheit und medizinische Themen erzählt.

Eine wichtige Aufgabe für die Zukunft

Inklusion ist weiterhin eine große Herausforderung für die Gesellschaft. Es gibt schon viele gute Lösungen. Trotzdem sollten wir alle noch mehr darauf achten, dass Menschen mit und ohne Behinderung gleichberechtigt an allen Bereichen des Lebens teilhaben. Wichtig ist auch, die Inklusion wirklich ernst zu nehmen und dafür zu sorgen, dass sich Menschen mit und ohne Behinderung in der Schule, im Studium, bei der Arbeit und in der Freizeit begegnen und gemeinsam am Leben teilhaben.

[31] **das Schimpfwort:** Mit diesen Wörtern oder Sätzen kann man schimpfen oder jemanden beleidigen.
[32] **„Halt die Fresse!":** sehr umgangssprachlich und beleidigend für „Sei still!"
[33] **aufklären:** Informationen / Erklärungen zu einem Thema geben

Übungen zum Leseverstehen

Inklusion als Ziel

1. **Was steht im Grundgesetz in Paragraf 3 (Absatz 3 Satz 2)?**

2. **Du hast etwas über das Konzept der Inklusion gelesen und möchtest einem Freund / einer Freundin erklären, was das ist. Schreibe eine Nachricht. Die Stichworte helfen dir.**

gleichberechtigt teilhaben

gesellschaftliches Leben

organisiert

Menschen mit / ohne Behinderung

3. Sieh dir die vier Grafiken an. Was ist laut der Grafiken richtig (✓), was ist falsch (×)? Kreuze an.

	✓	×
a) Die Zahl der Menschen, die eine Schwerbehinderung haben, steigt.	☐	☐
b) Die häufigste Ursache von Behinderung sind Unfälle.	☐	☐
c) Der Anteil von Menschen mit Schwerbehinderung an der Gesamtbevölkerung steigt mit dem Alter.	☐	☐
d) Bei Menschen über 55 Jahren gibt es mehr Männer als Frauen, die eine Behinderung haben.	☐	☐
e) Nur wenige Menschen, die eine Behinderung haben, fühlen sich bei Behörden diskriminiert.	☐	☐

Kunst schaffen

4. Ordne die Wörter der Musikerin und dem Musiker zu.

hören | der Stimme | dem 12. Lebensjahr

sehen | dem Schlagzeug | der Geburt

	Evelyn Glennie	Andrea Bocelli
a) Sie / Er kann nicht mehr …		
b) Sie / Er macht Musik mit …		
c) Sie / Er hat die Behinderung seit …		

Große Leistungen in der Wissenschaft

5. Worüber forschte Stephen Hawking? Kreuze an.

a) ☐ Physik
b) ☐ Sprachcomputer
c) ☐ Muskeln
d) ☐ Astronomie
e) ☐ Beginn des Universums

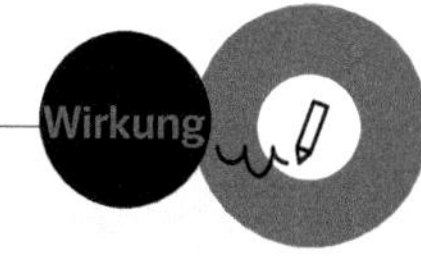

In der Politik Barrieren überwinden

6. Was war wann? Bring die Ereignisse im Leben von Wolfgang Schäuble in die richtige Reihenfolge.

☐	☐	☐
1984	1990	2017–2021

a) Er wurde zum ersten Mal Bundesminister.
b) Er war Bundestagspräsident.
c) Er wurde durch einen Attentäter verletzt.

7. Welche Aussage passt zu Malu Dreyer? Kreuze an.

a) Der Beruf ist nicht so stressig und er gibt auch Kraft. ☐
b) Der Beruf gibt Kraft und ist positiver Stress. ☐
c) Der Beruf ist stressig und nimmt Kraft weg. ☐

Höchstleistungen im Sport

8. Was passt zusammen? Verbinde.

a) Im Sport
b) In Zuffenhausen
c) Bei den Paralympics
d) Die Special Olympics

1 scheint die Inklusion schon gut zu funktionieren.
2 sind für Sportler und Sportlerinnen mit intellektueller Behinderung oder Mehrfachbehinderung.
3 steigt die Zahl der Teilnehmer und Teilnehmerinnen seit zwanzig Jahren.
4 spielen Sportler und Sportlerinnen mit und ohne Lernschwierigkeiten zusammen Tischtennis.

Gelebte Inklusion im Beruf

9. Löse das Rätsel und finde das Lösungswort.

a) Stella Lingen studiert [ ][ ][ ][1][ ][ ][ ].

b) Ihr Begleiter heißt Steve, aber er ist keine [ ][ ][ ][ ][ ][2].

c) Das Tourette-Syndrom ist eine [ ][ ][ ][ ][3][ ][ ][ ] des Nervensystems.

d) Tics können zum Beispiel [4][ ][ ][ ][ ] sein.

e) Manchmal [ ][5][ ][ ][ ] Stella Lingens ganzer Körper.

f) Stella kennt auch unangenehme [6][ ][ ][ ][ ][ ][ ][ ][ ][ ][ ].

g) Nicht alle Menschen [ ][ ][ ][ ][7][ ][ ][ ][ ] positiv.

h) Stella erzählt [8][ ][ ][ ][ ] von ihrer Krankheit.

i) Sie erzählt auf einem eigenen [ ][ ][9][ ][ ] auf YouTube davon.

Lösungswort: [1][2][3][4][5][6][7][8][9]

Bildquellennachweis
123RF.com, Nidderau: **8.1** (vlue); **11.1** (nicku); **31** (elena3567); **42.1** (Stefan Rotter); **43** (Dmitry Rukhlenko); **51.1** (petervick167); Adobe Stock, Dublin: **5** (Otto Durst); **10.1** (ARTYuSTUDIO); **37** (wowinside); **39.2** (TPG); **44**, **51.2** (Juulijs); **56.1** (Acento Creativo); akg-images, Berlin: **17**; Aktion Mensch **67.2**; Alamy, Abingdon, UK: **20** (Lebrecht Music & Arts); Beethoven-Haus Bonn **7.1**, **7.2**, **10.2**, **11.2**, **25.2**, **36**; Bridgeman Images, Berlin: **21.1**, **22**, **26**, **27**; Getty Images, München: **6.1**, **14**, **42.3** (clu); **6.2**, **49** (ZU_09); **8.2** (GeorgiosArt); **9.1** (Nastasic); **9.2** (ilbusca); **13.1** (Noppasin Wongchum); **13.2**, **35**, **46**, **55** (Grafissimo); **18**, **24** (Photos.com); **23** (wynnter); **25.1** (Keith Lance); **30** (amtitus); **38** (RodrigoBlanco); **39.1**, **41** (mikroman6); **40** (FierceAbin); **42.2** (Michael Blann); **45** (grandriver); **52.1** (Marco Henz); **56.2** (worldwidephotoweb); Imago, Berlin: **15**, **47.1** (Heritage Images); **21.2** (Arkivi); **68** (Xinhua); Institut für Demoskopie Allensbach **53**, **54**, **62**; Neue Zürcher Zeitung; Beethoven-Haus **34**; picture-alliance, Frankfurt: **74.2** (dpa | Christoph Reichwein); Shutterstock, New York: **48** (Marzolino); **69** (D-VISIONS); **70** (Salma Bashir Motiwala); **71.1** (paparazzza); **71.2** (photocosmos1); **73.1** (Marco Ciccolella); **73.2** (dominika zara); Spotify **47.2**, **52.2**; Statistisches Bundesamt **65**, **66**, **67.1**, **74.1**

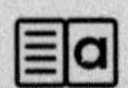